LÉON HEUZEY

HISTOIRE

DU

COSTUME ANTIQUE

CHAMPION

LIBRAIRE

(L'Empereur [illegible])
[illegible]

HISTOIRE DU COSTUME ANTIQUE

LÉON HEUZEY
Drapant le modèle.

LÉON HEUZEY

MEMBRE DE L'INSTITUT
PROFESSEUR A L'ÉCOLE NATIONALE DES BEAUX ARTS

HISTOIRE
DU
COSTUME ANTIQUE

D'APRÈS DES

ÉTUDES SUR LE MODÈLE VIVANT

AVEC UNE PRÉFACE PAR
EDMOND POTTIER

142 Figures et 8 Planches hors texte dont 5 en couleurs

PARIS
LIBRAIRIE ANCIENNE HONORÉ CHAMPION
ÉDOUARD CHAMPION
5, QUAI MALAQUAIS

1922

PRÉFACE

———

*V*OICI *un livre attendu depuis longtemps et dont l'apparition sera saluée avec une joie mélancolique, car celui qui l'a écrit n'est plus là pour en voir la réalisation définitive. Il l'a achevé seul, cependant ; arrivé presque à la limite extrême de la vieillesse, il a rassemblé ses dernières forces pour y mettre le point final — et puis il est parti, content d'avoir terminé sa tâche, laissant à sa famille et à ses amis le soin de la présenter au public.*

C'est le livre d'un archéologue, d'un artiste et d'un professeur. Professeur, M. Heuzey l'était dans l'âme, bien qu'il en doutât quelquefois, par l'effet d'une timidité naturelle qui tenait à sa grande modestie. Il séjourna peu de temps dans l'enseignement secondaire, à Lyon, entre son retour d'Athènes et sa mission de Macédoine (1857 à 1860). Plus tard, à l'École du Louvre (1883-1886), il inaugura les cours d'archéologie orientale. Mais à l'École des Beaux-Arts, il créa un enseignement nouveau, qui ne se donnait nulle part ailleurs; pendant plus de vingt ans (1862-1884) il en assuma tout le poids et, quand il prit un suppléant, ce fut en se réservant la partie technique et démonstrative du cours — ces leçons de costume imaginées par lui, accueillies avec enthousiasme et qu'il continua jusqu'au jour de sa

X

retraite (*1910*). On peut dire que pendant quarante-huit ans, Léon Heuzey n'a pas cessé d'enseigner l'art antique et l'histoire de l'art aux nombreuses générations d'élèves, qui se succédaient rue Bonaparte.

La conception et le plan de cette éducation n'appartiennent qu'à lui seul. Avec son esprit pénétrant et fin, il avait compris qu'au public spécial de l'École, ardent à s'émouvoir, avide de s'instruire, mais ignorant de beaucoup de choses et peu apte à accepter la sévérité de l'érudition, il fallait présenter l'histoire sous un aspect qui lui fût approprié. Il divisa l'ensemble de l'antiquité en trois grandes catégories : Orient-Grèce-Rome. En trois années, le cycle complet était révolu. Dans chaque période, l'histoire était continuellement soutenue par l'étude des monuments et des œuvres d'art : c'était en quelque sorte l'enseignement par l'image. Et ces images, le maître les demanda aux auditeurs mêmes de son cours. Toutes les planches qui illustrent les leçons sont l'œuvre des élèves. L'École possède aujourd'hui des cartons pleins qui comprennent des centaines de dessins ou d'aquarelles, exécutés par les jeunes artistes pendant un demi-siècle : collaboration intime et affectueuse qui crée ingénieusement un lien étroit entre le maître et ses disciples.

Apprendre l'histoire à des artistes, c'est avant tout leur enseigner la vie antique; c'est ressusciter les peuples anciens, montrer qu'aujourd'hui encore ils ne sont pas morts, mais survivent en nous : langues, institutions politiques, armée et guerre, croyances et superstitions, monuments d'architecture — notre civilisation moderne leur a tout emprunté. La mission de l'archéologue ne consiste pas seulement à rechercher les liens qui rattachent notre société aux générations évanouies; il doit encore évoquer ces générations mêmes, en recréer l'individu et le faire vivre sous nos yeux. C'est le moyen d'enseignement le plus frappant, le plus pittoresque. Or, bien des restitutions de ce genre ont été tentées au théâtre ; il s'agissait de démontrer de façon claire combien ces essais de « couleur locale » sont inexacts et peu artistiques, combien la vraie beauté antique en est absente. De là les leçons de costume, qui furent l'élément le plus fécond et le plus éclatant du cours professé par M. Heuzey. On y vit bientôt accourir tout ce que Paris compte d'artistes et de gens de théâtre réputés : Chaplain et Chapu venaient s'y asseoir côte à côte et dessiner comme des écoliers; Mounet-Sully et Mme Bartet venaient y méditer Œdipe Roi et Antigone. Certaines séances de costume grec furent vraiment triomphales. C'était un enchantement de voir la main fine et déliée du maître soupeser les étoffes, les manier avec une adresse délicate : un pan rejeté sur une épaule, une ceinture nouée d'un geste prompt, un pli ramené, écarté, rajusté çà et là, quelques détails modifiés du bout du doigt, comme ces dernières touches que le peintre pose d'un coup de pinceau, et soudain la figure antique se dressait vivante — guerrier à la courte chlamyde, vierge dorienne sobrement drapée, Tanagréenne serrée dans son manteau, Ionienne dont la tunique souple ondule comme de petits flots. Les spectateurs ravis ne se doutaient pas des nombreuses études, des répétitions longues et laborieuses qui avaient précédé les poses. Averti par le succès qu'il avait touché le point sensible, M. Heuzey multipliait les recherches pour perfectionner chaque année son outillage. Au cours de ses voyages, de ses promenades dans Paris, de ses visites aux Expositions, il guettait les occasions, faisait la chasse aux étoffes rares — et quelle joie quand il avait mis la main sur quelque beau tissu d'Orient, sur quelque manteau de chef Abyssin, fabriqué et galonné par les femmes indigènes comme aux temps homériques.

XII

Ces trouvailles l'excitaient encore. Peu à peu il constitua un matériel important, unique au monde, où il pouvait puiser pour les ajustements les plus variés : le pharaon égyptien, le pâtre de Chaldée, le monarque assyrien, l'orateur grec, l'éphèbe, la bourgeoise athénienne, le sénateur romain, l'empereur défilaient tour à tour sur la table à modèle, dans l'hémicycle des Beaux-Arts, ayant pour toile de fond le tableau d'Ingres, Romulus vainqueur d'Acron, et dominés par la grande fresque de Paul Delaroche.

L'essentiel de ces démonstrations esthétiques tient en peu de mots. Le costume antique est stable, il garde à travers les âges un caractère traditionnel. Sans doute il comporte des modes et elles varient d'un siècle à l'autre. Mais ce qui reste permanent, ce sont les deux principes que M. Heuzey a si bien exposés dans son mémoire sur la Draperie *antique. D'abord le costume n'a pas de forme par lui-même; tunique ou manteau,* khiton *ou* himation, *c'est toujours une pièce d'étoffe rectangulaire tissée sur le métier dans des dimensions variables, d'après sa destination ou d'après la taille de la personne qui doit le porter. Il n'y a même pas de différence entre les sexes : le même manteau sert à draper le modèle homme et le modèle femme. De là découle le second principe : cette étoffe n'est jamais coupée ni taillée; chaque portion est destinée à couvrir une partie déterminée du corps. Le vêtement devient un organisme vivant et varie à l'infini suivant les formes qu'il accuse ou qu'il dissimule. Ce n'est plus, comme dans les temps modernes, un esclave qu'on manipule de force et qu'on martyrise souvent : c'est un être libre et familier qui accompagne, avec aisance et fierté, la beauté d'un corps libre lui-même.*

La logique et le bon sens présidaient à ces conceptions. Pourtant elles étaient nouvelles. Depuis ce temps, beau-

coup d'articles et de dissertations sur le costume antique ont paru en tous pays. Mais Léon Heuzey a été l'initiateur et, sans doute, beaucoup d'archéologues répétaient, sans en savoir exactement l'origine, les idées émanées de son cours et répandues par ceux qui l'avaient entendu. Ses amis et ses élèves s'en inquiétaient; ils pensaient qu'on faisait tort à l'originalité du maître en laissant à d'autres le soin de divulguer ses propres idées. Ils le pressaient d'écrire une Histoire du Costume antique *qui remettrait les choses au point et exposerait clairement ses théories. M. Heuzey, occupé de besognes si lourdes et si diverses, ne cédait que rarement à ces instances et c'est en quelque sorte par fragments qu'on obtint de lui des chapitres détachés de l'ouvrage d'ensemble. En octobre 1892, il lut à la séance annuelle de l'Institut son étude sur le* Principe de la Draperie antique *qui établissait la base de sa conception et qui forme ici comme l'*Introduction *du livre. En 1897, lorsque son ami Jules Comte fonda la* Revue de l'Art ancien et moderne, *il fut sollicité de payer son tribut à la nouvelle publication et écrivit pour elle les trois articles sur la* Toge romaine *que l'on trouvera aussi insérés dans ce volume. Le début et la fin de l'*Histoire du Costume *étaient rédigés. Mais c'est seulement à la fin de sa carrière, quand l'âge de la retraite lui donna des loisirs, que le maître put reprendre l'œuvre ainsi amorcée. Quelque temps avant la guerre, après avoir achevé son grand ouvrage sur les* Découvertes en Chaldée, *il revint à la Grèce et se remit avec ardeur à compulser les textes anciens, si complexes, si difficiles à interpréter, sur les mots désignant les parties du vêtement antique.*

Puis ce fut la redoutable épreuve où M. Heuzey, malgré un deuil douloureux qui l'atteignait dans une très intime affection, montra une force d'âme, un patriotisme coura-

geux et tranquille, tel qu'on pouvait l'attendre d'une âme si haut placée. Mais il n'avait plus le cœur au travail archéologique. Il repassait ses notes de voyage, il envoyait au général commandant l'expédition de Salonique des plans et des croquis sur la région du Vardar qu'il connaissait bien, l'ayant parcourue dans sa jeunesse. La guerre l'absorbait tout entier. Enfin, avec la paix revenue, il avait pu reprendre sa tâche. Nous nous demandions s'il n'était pas trop tard. La vieillesse très avancée était venue. A quatre-vingt-huit ans, quels espoirs se permettre ? Mais l'intelligence restait si lucide, si fraîche qu'elle forçait l'admiration de tous. Et pendant deux années encore, M. Heuzey, dans la chambre où il demeurait cloîtré, gardé et protégé de tout péril par la plus admirable vigilance, resta courbé sur sa petite table, noircissant les feuilles de papier, scrutant avec ses yeux devenus mauvais ses cartons de dessins et de calques, se renseignant auprès de tous ses anciens élèves pour les documents à revoir, s'acharnant de toute sa volonté inflexible et tenace.

La rédaction de ce livre fut le dernier effort, mais aussi la dernière joie de notre maître. Quand il sut que M. Edouard Champion, avec la collaboration zélée de M. Nicole, ancien membre de l'École d'Athènes, se chargeait d'éditer l'ouvrage et de réaliser ce rêve suprême de sa vie scientifique, nous eûmes tous la sensation d'une sorte de regain d'activité physique dans son corps déjà émacié par la vieillesse. Il avait encore eu la force, aux environs de sa quatre-vingtième année, de faire à l'École des Beaux-Arts de longues et fatigantes séances, en compagnie de son ami le Docteur Richer, qui lui avait prêté son atelier et fourni des modèles pour prendre de nouveaux clichés et recommencer des poses dont il n'était pas satisfait ; il n'a pas manqué de l'en remercier au cours des pages que l'on va lire.

Son matériel était donc au complet et l'œuvre est née. La veille du jour où il devait s'éteindre, il corrigeait encore les épreuves de son livre et de son écriture nette et ferme, qu'il a gardée jusqu'à la fin, il annotait les placards.

Qui ne s'inclinerait respectueusement devant une si admirable vie où la volonté tint tant de place? Il y a peu de temps, M. Heuzey disait à un de ses proches : « Je voudrais pouvoir lier ma gerbe. » Un heureux destin le lui a permis : la dernière gerbe est liée. Elle vient s'ajouter à tant d'autres que nous pouvons dire avec le poète :

Illius immensae ruperunt horrea messes.

(Virgile, Géorg., I, 49.)

EDMOND POTTIER.

Nous devons des remerciements tout particuliers à l'Institut de France, aux Directeurs de Revues et Éditeurs qui, pour rendre hommage avec nous au maître disparu, nous ont autorisés à faire usage de leurs clichés et à enrichir ce volume de planches hors texte : M. Dezarrois, Directeur de la Revue de l'Art ancien et moderne, la Maison Hachette, le Directeur des Éditions Leroux (planches des Monuments Piot, appartenant à l'Académie des Inscriptions).

INTRODUCTION

DU PRINCIPE

DE LA

DRAPERIE ANTIQUE

Dans la langue spéciale des artistes, on appelle *dra-perie* toute étoffe ou toute partie d'étoffe dont la souplesse naturelle et le libre mouvement produisent un ensemble de plis. Les tissus que l'homme fabrique pour son usage n'ont pas seulement une beauté pittoresque, tenant à la qualité du travail et comme au grain de la matière, aux couleurs et aux ornements qui la décorent: ils possèdent aussi une faculté plastique, un modelé qui, par la variété des reliefs, par le jeu de la lumière et de l'ombre, leur communique une sorte de vie.

Bien que les draperies s'associent le plus souvent à la forme humaine, elles peuvent aussi en être indépendantes, par exemple lorsqu'elles servent à couvrir des meubles, à revêtir des murailles ou à remplir les vides de la construction, en manière de tentures : elles ne rentrent plus alors dans la catégorie du costume, mais dans celle de l'ameublement et de l'architecture.

Dans toute draperie, il faut considérer, comme autant de causes qui en modifient l'aspect : — les dimensions et la coupe première de l'étoffe; — l'impulsion qui lui est donnée par la main de l'homme ou par le mouvement de l'air, en tenant compte de la force toujours agissante de la pesanteur; — la forme, souvent elle-même animée et mobile, que la draperie recouvre et qui s'y imprime en partie et s'y répercute ; — les points d'attache ou de suspension, qui limitent la liberté du mouvement, en imposant aux ondulations de l'étoffe des directions déterminées ; — enfin la nature même et l'épaisseur du tissu, d'où dépendent le nombre et le calibre des plis, le plus ou moins de facilité avec lequel ils se dédoublent et se ramifient.

C'est surtout quand elles sont en relation avec le corps humain que les draperies intéressent le peintre et le sculpteur et méritent d'être étudiées par eux. Lorsque les hommes, inventeurs du tissage, commencèrent à produire des étoffes assez souples pour s'en couvrir, ils n'eurent tout d'abord ni l'idée ni les moyens de les tailler, de les assembler, de manière à s'en faire comme des fourreaux compliqués, prenant la forme de leurs membres. La pièce construite par l'entrecroisement des fils de laine ou des fibres végétales fut employée avec les dimensions et avec la disposition rectangulaire que lui donnait le métier. On se contenta de la rouler autour des parties du corps que l'on voulait protéger contre l'excès du froid ou du chaud ou bien couvrir par un instinct de décence. Puis, ces arrangements d'étoffe contribuant au décor de la beauté humaine, on s'efforça de leur donner plus de grâce et d'effet ; et c'est là que commence, pour les artistes, l'histoire de la draperie.

Pour faire ici le résumé de cette histoire et pour développer les observations esthétiques qui s'en dégagent, ce n'est pas aux ouvrages composés jusqu'à ce jour sur la matière que nous nous adresserons de préférence. Les remarques qui vont suivre s'appuient presque exclusivement sur une pratique personnelle, sur une série d'expériences faites avec le modèle vivant et renouvelées chaque année dans notre cours d'archéologie à l'École nationale des Beaux-Arts[1].

I

ORIGINES DE LA DRAPERIE

Le pagne ou *shenti*, écharpe de lin étroite et longue, que les Égyptiens ceignaient autour de leurs reins et de leurs cuisses, était déjà une draperie. Du même genre était la ceinture ou *zoma*, que les Grecs homériques portaient à la guerre ou dans les luttes, avant que la nudité complète n'eût été admise dans la palestre et dans le stade. On connaît l'histoire de cet Orsippos de Mégare qui, dans une course olympique, sentant sa ceinture lui glisser entre les jambes, la jeta loin de lui, et, arrivé au but le premier, fut proclamé vainqueur.

---

[1] Depuis 1862, le cours d'histoire et d'antiquités professé à l'École des Beaux-Arts se termine par des séances pratiques, où le modèle est drapé sous les yeux des élèves. Le costume égyptien et assyrien, le costume grec, le costume romain y sont étudiés successivement, dans chaque période de trois années.

Ce fut le point de départ de ce que l'on a nommé la *nudité gymnastique*, qui a exercé sur l'art grec une profonde influence. Il faut encore voir très probablement une draperie analogue dans le *campestre*, employé par les jeunes Romains pour s'exercer au Champ de Mars.

Cependant la draperie par excellence, celle qui constitue surtout le costume antique, qui en est l'origine et le principal élément, c'est le manteau carré, le grand rectangle d'étoffe de laine, tissé ordinairement d'une seule pièce et assez ample pour qu'un homme au besoin s'en enveloppât tout entier. Ce *châle*, pour le désigner par le mot moderne qui peut le mieux nous en donner l'idée, était appelé par les grecs *himation*, c'est-à-dire *vêtement*, ce qui prouve bien qu'ils le considéraient comme la pièce vraiment originelle et nationale de leur costume. Il n'en est pas tout à fait de même pour la tunique cousue ou *khitôn*, bien qu'elle soit aussi d'un usage courant à l'époque homérique. Le mot, qui se trouve déjà chez les Hébreux, est d'origine sémitique et phénicienne; il désigne un vêtement « de lin », évidemment importé par le commerce oriental. Le châle de laine, tissé par les femmes de la maison, avec la toison des troupeaux de la montagne, remonte, au contraire, aux origines mêmes de la race hellénique.

Il faut bien admettre que l'humanité primitive, surtout dans les régions méridionales, était incomparablement plus endurcie que nous ne le sommes à supporter les variations de la température et qu'elle s'accommoda longtemps de l'état de nudité partielle imposé par l'emploi d'un élément aussi simple. Toute l'éducation gymnastique et militaire des anciens tendait à conserver au corps cette faculté de résistance, comme une tradition de la virilité première, qu'il appartenait aux races supé-

rieures d'entretenir avec un soin jaloux. Si la tunique,
dès les temps homériques, fait communément partie
du costume des chefs, on verra encore, à l'époque du
plein développement de la Grèce, les hommes du peuple
et tous ceux qui faisaient profession de vie simple, se
contenter, à l'occasion, du seul himation.

La demi-nudité que produisait accidentellement la
mobilité même de cette draperie se montrait à tout
propos dans la vie extérieure, telle que nous la voyons
sur les peintures et les sculptures antiques, sans que
l'on y trouvât rien que de tout naturel. Esclaves, ouvriers
paysans, matelots, devaient donner sans cesse le spectacle des épaules et des torses découverts, des bras et
des jambes brûlés par le hâle ou par le froid, et recevant
du contact habituel avec l'air ambiant comme une
patine, dont nos peintres de sujets antiques ne tiennent
pas toujours assez de compte. L'art, usant de son droit
souverain, a profité sans doute de ces habitudes pour
en multiplier les exemples et les applications; il leur
a fait plus de place qu'elles n'en tenaient dans la réalité;
mais cette liberté à l'égard du nu ne reposait pas moins
sur les usages mêmes de la vie antique.

La forme simple et libre du manteau avait au moins
cet avantage pratique de se prêter à une grande variété
d'ajustements, qui permettaient à l'homme de s'envelopper entièrement ou de se dévêtir plus ou moins, selon
les circonstances. Avec de très légères différences, tous
les peuples de l'antiquité ont connu cette pièce initiale
du costume, qui est, comme nous le disions, la draperie
par excellence, et qui survit encore de nos jours dans
la *shoudda* des Hindous, dans la *chemma* des Éthiopiens,
dans le *haïq* des Arabes, dans le *plaid* des Écossais, dans
la *manta* des paysans espagnols et dans nos diverses

sortes de châles. Aussi devons-nous lui faire une place
à part dans cette étude.

Les inappréciables statues qui ont été découvertes
en Chaldée par M. de Sarzec (Fig. 1) nous montrent,
plus de deux mille ans avant notre ère, les anciennes
populations de l'Asie composant tout leur vêtement
d'un châle de ce genre. Il ne se distingue de l'himation
grec que par les courtes fran-
ges des deux petits côtés et
par une mode d'ajustement un
peu différente. La pièce d'é-
toffe, étant plus longue, pouvait être ramenée sous le bras
droit resté nu, et là un des
angles était repassé dans le bord
supérieur, formé par le premier
tour du manteau. Grâce à ce
procédé, aussi simple qu'ingénieux, tout le costume devenait
fixe et tenait au corps comme
s'il eût été agrafé. Ce châle chaldéen mérite d'être signalé à l'attention des artistes, parce qu'il
fournit un ajustement authen-
tique pour les scènes tradition-

Fig. 1.

nelles de l'époque patriarcale. La famille d'Abraham
n'était-elle pas originaire de la ville d'Our en Chaldée?

On remarque sur la nature que cette draperie asiatique
donne des plis abondants et d'un bel effet (Fig. 2) : la
statue, au contraire, conserve des surfaces lisses et
rigides. C'est que l'ancien sculpteur, n'osant pas encore
entamer profondément la pierre dure de diorite, s'est
contenté d'envelopper le corps dans une gaîne : il y

trace seulement les courbes accidentelles formées par les bords de l'étoffe et les combine de son mieux avec les lignes fixes qui en dessinent les angles. Impressionné pourtant par le jeu des plis, il n'a pas cru pouvoir se dispenser de les rappe-ler, au moins par quel-ques sillons timidement creusés, comme on le voit sur les bras et sur-tout vers le pectoral droit, au point où l'ex-trémité du vêtement vient se rassembler. Or, ce sentiment encore si timide du relief formé par les plis est une har-diesse de la vieille école chaldéenne, un premier essai instinctif et isolé, de rendre la draperie. Il faut le noter avec soin dans l'étude qui nous occupe : car la sculpture asiatique renoncera en-suite pour de longs siè-cles à toute indication

Fig. 2.

de ce genre, et nous devrons attendre les premiers progrès de la plastique grecque avant de voir la tenta-tive se renouveler.

Le vêtement de dessus des rois d'Assyrie n'est aussi qu'un châle à franges, souvent même drapé avec plus de liberté que le châle chaldéen et rejeté simplement sur l'épaule gauche, presque à la façon du manteau

grec (Fig. 3). C'est là un fait que l'examen attentif des
bas-reliefs de Nimroud suffit pour démontrer. Seulement
le sculpteur, tout occupé maintenant à rendre en détail

Fig. 3.

le riche décor des tissus orientaux et le luxe des passe-
menteries, supprime et sous-entend de parti pris tout
l'effet plastique du costume. Il se contente d'indiquer

le mouvement général de la draperie, par le dessin des courbes extérieures, dans lesquelles il faut bien se garder de voir une coupe particulière donnée à la pièce d'étoffe.

Sur le modèle, le même ajustement produit, au contraire, des plis abondants, d'un aspect superbe, et l'artiste moderne qui représente des sujets assyriens ne doit pas se priver de cette ressource.

Quand les Égyptiens, sous leur climat torride, portent le manteau, c'est le plus souvent une pièce d'étoffe légère, comme le haïq des Arabes. Pour ne pas en être embarrassés, ils l'enroulent en ceinture et en jupon court, autour de leur taille; ils en font un double plus étoffé de la shenti. Cependant

Fig. 4.

les rois de l'époque des Rhamsès se montrent parfois enveloppés d'une draperie merveilleusement transparente et fine, faisant jusqu'à trois tours, le premier à la taille, le deuxième sous les bras et le dernier sur les épaules, et disposée de telle sorte que les deux angles opposés se rejoignant sur la poitrine, tiennent

Fig. 5.   Fig. 6.

tout le costume par un seul nœud (Fig. 4). Les peintures et les bas-reliefs coloriés qui reproduisent ce vêtement royal aiment à le représenter dans la raideur de l'étoffe fraîchement lavée et plissée; on n'y devine le contour humain que par transparence et par le plus ou moins de vivacité du ton de chair, selon que les tours du tissu diaphane se doublent ou se triplent, amortissant progressivement l'éclat des bijoux et des ceintures multicolores, qui brillent dans la blancheur des mousselines. Les artistes égyptiens ne paraissent pas se douter que le corps imprime lui-même au vêtement le mouvement et la forme. Pourtant telle est la multiplicité des plis produits par cet ajustement, qu'il a bien fallu en rendre l'aspect par des faisceaux de sillons tracés presque parallèlement. C'est encore là un essai primitif de draperie.

Les anciennes écoles n'avancent que lentement dans cette voie et avec une extrême timidité. Nulle part la transition ne se marque mieux que dans la sculpture chypriote, d'abord tout orientale, puis subissant peu à peu l'influence d'un art nouveau. D'abord le manteau, jeté en rond à la manière assyrienne, est tout à plat (Fig. 5); puis les stries parallèles y apparaissent (Fig. 6) et se développent de plus en plus en plis simples et symétriques, à mesure que le vêtement prend davantage l'aspect du manteau grec, drapé en carré par un de ses angles (Fig. 7).

Fig. 7.

Les statues de l'île de Chypre, malgré la gaucherie et la rudesse de l'exécution, nous font assister à l'éclosion de la draperie dans l'art antique.

Cependant c'est surtout avec les Grecs que la draperie se développe et prend en quelque sorte conscience d'elle-même. Entre leurs mains, elle devient de bonne heure un art, qui, après avoir préexisté dans la vie réelle, passe ensuite de la réalité vivante dans les représentations de la sculpture et de la peinture. Les Grecs sont les premiers à voir clairement et à comprendre qu'il y a, dans les plis mêmes de l'étoffe, une décoration plastique, supérieure à tout le luxe des franges et des ornements, une ordonnance mobile et animée, d'autant plus faite pour s'associer à la forme humaine qu'elle en tire ses principaux effets.

II

CONVENTIONS ARCHAÏQUES

Il s'en faut néanmoins de beaucoup que les artistes de la Grèce soient arrivés de primesaut à rendre cette chose essentiellement complexe et changeante qui s'appelle la draperie. Deux siècles au moins de tâtonnements et d'efforts leur furent nécessaires pour reproduire avec vérité les vivants modèles qui posaient à toute heure devant leurs yeux et qui avaient été créés longtemps à l'avance par le goût d'un peuple sensible à tous les aspects de la beauté. La parfaite harmonie du vêtement et des formes qu'il recouvre fut pour eux, on peut le dire, une des dernières conquêtes de l'art touchant à la perfection et devenu maître de tous ses moyens.

Rien n'est instructif comme de voir les vieux maîtres de la période archaïque parcourir successivement les

Fig. 8.   Fig. 9.

mêmes étapes que leurs devanciers de la Chaldée, de l'Égypte, de l'Assyrie et résoudre, à force de patience et d'obstination, les difficultés techniques où ceux-ci s'étaient butés. Dans les œuvres grecques primitives, le costume est traité aussi comme une gaîne, comme une chape rigide, moulant tout d'un bloc les contours les plus sommaires du corps humain. C'est à peine si une ligne très simple y dessine les angles et les bords visibles de l'étoffe et en suit le mouvement. Sous ce rapport certaines figures assises, par exemple les plus anciennes de celles qui bordaient la Voie Sacrée conduisant au temple d'Apollon Didyméen, près de Milet, sont plutôt en retard sur les statues chaldéennes dont nous avons parlé, bien que celles de la Chaldée soient infiniment plus antiques.

Les figures debout, surtout les figures de femmes, permettent encore mieux de suivre ces premiers essais de draperie. Observons par exemple trois types gradués, parmi les curieuses statues peintes découvertes dans les fouilles récentes de l'Acropole d'Athènes.

Fig. 10.

Voici une première figure, taillée en gaîne cylindrique; on dirait une colonne (Fig. 8)[1]. Dans la seconde, les plis commencent à s'accuser par des stries parallèles, véritables cannelures, que nous verrons se multiplier et se creuser de plus en plus (Fig. 9). Puis les artistes observent que les parties libres et les bords flottants

---

[1] Dessinée d'après une photographie de M. Jamot.

de l'étoffe contribuent à la richesse et à la beauté du
costume, en formant naturellement des séries d'ondulations qui s'étagent avec une certaine régularité. Em-
pressés à saisir cet élément de symétrie, au milieu de
tant de détails fugitifs et insaisissables, ils les ramènent
à un tracé tout géométrique et architectural, à une
superposition de triangles alternants, que le maître,
armé de la règle, démontrera facilement à l'élève ou
au praticien. Car le penchant des primitifs est de régulariser à tout prix ce qui est irrégulier. De là, ces bords
gondolés, ces chutes de draperies en zigzag, que l'archaïsme raffiné exagère à plaisir et répète souvent même
hors de tout propos, remplaçant la variété par des variations sans fin sur un motif très simple et toujours le
même. Notre troisième figure, par l'élégance étrange
et savamment combinée de son ajustement, peut donner
une idée de ces subtilités de l'archaïsme finissant (Fig. 10).

On a voulu parfois prendre à la lettre les conventions
de la draperie archaïque. Il est même arrivé que des
artistes modernes les ont transportées dans leurs compositions comme des formes réelles et caractéristiques
de l'ancien costume grec. D'après une théorie aussi
ingénieuse que peu justifiée, l'aspect étriqué, raide et
sans plis que présente le vêtement dans les figures de
la première époque tiendrait à la raideur des étoffes
primitives et orientales. La même rigidité expliquerait
aussi, à l'époque suivante, l'usage des plissés artificiels,
qui trahiraient l'emploi du fer chaud ou de quelque
préparation produisant l'adhérence de l'étoffe. C'est
là une erreur contre laquelle on ne saurait trop se mettre
en garde, une méconnaissance grave de la psychologie
particulière qui préside au travail des vieux maîtres.
La raideur n'est point alors dans les étoffes; elle est

dans la main même des artistes, et la complexité systématique de certains ajustements est un jeu où se complaît l'enfance de l'art. Pour rétablir les mêmes ajustements sur la nature, loin de chercher des moyens artificiels et des coupes invraisemblables, il suffit de faire la part de l'affectation : on voit alors ces combinaisons de l'archaïsme, sauf quelques légères différences de disposition et de goût, se résoudre en des formes tout à fait analogues à celles des draperies les plus vivantes et les plus libres (voir pl. I, hors texte).

On fait injure à l'habileté tant vantée des tisserands égyptiens ou asiatiques en croyant qu'ils ne savaient pas fabriquer des étoffes assez fines pour ajouter la richesse des plis à l'éclat des ornements et des couleurs. Chez les Grecs, dès le temps d'Homère, le poète ne nous montre-t-il pas, en maints endroits, l'ampleur des vêtements repliés en double, les chutes du péplos traînant jusque sur le sol et les longues tuniques « qui se tordent d'elles-mêmes » par l'élasticité du tissu ou par la multiplicité des plis ? Il faut citer surtout les vers [1] où le costume du divin Ulysse est curieusement dessiné, comme par un véritable artiste :

> Il portait une *chlaine* de pourpre d'un tissu laineux,
> Pliée en double, et l'agrafe était fabriquée en or.....
> Je remarquai aussi autour de sa chair sa tunique éclatante,
> Pareille à la pelure d'un oignon desséché,
> Tant elle était délicate; elle brillait comme le soleil,
> Et les femmes en grand nombre la regardaient.

Quant à la préparation artificielle des plis, il n'y en a d'exemple que pour les tuniques de lin appelées ioniennes. Les étoffes de lin, à cause de la finesse et de

---

[1] Homère, *Odyssée*, XIX, v. 225 et suiv.

la légèreté même du tissu, ne drapent pas facilement et restent inertes sur le corps. Aussi, pour leur donner le relief et la plasticité qui étaient aux yeux des anciens le principal ornement du costume, les Grecs, à l'imitation des Ioniens et sans doute aussi des Égyptiens, des Lydiens et d'autres peuples de l'Asie, avaient-ils l'habitude de les briser d'avance en mille plis, d'après le même principe qui leur faisait canneler le fût des colonnes[1]. Mais l'opération était beaucoup plus simple que celle qui consiste aujourd'hui à empeser, à repasser les mêmes étoffes ou à les froncer par des points de couture. Il suffisait de produire les plis à la main, ainsi que cela se fait encore dans quelques campagnes pour certains vêtements ecclésiastiques, comme les aubes, les surplis, qui ont conservé la tradition des antiques tuni-

Fig. 11.

---

[1] Voir plus haut la Fig. 7. Cf. le costume de femme (Fig. 9), où l'on observe une tunique, dont la partie supérieure, repliée en bourrelet sur la ceinture, est seule plissée par le procédé que nous indiquons; mais elle ne forme pas pour cela un petit vêtement séparé.

ques de lin. Puis on tenait pendant quelques heures l'étoffe tordue et liée aux extrémités, suivant une indication jusqu'ici peu comprise du grammairien Julius Pollux[1]. Par ce procédé, bien des fois expérimenté par nous à l'École des Beaux-Arts, on obtient un plissé très vivant, qui s'harmonise à merveille avec le jeu naturel des draperies et qui reproduit l'aspect des tuniques de lin dans les belles statues grecques.

Entre les ajustements archaïques et ceux de la belle époque, où le vêtement drapé s'harmonise de tout point avec les formes et les mouvements du corps, quelques sculptures nous montrent des hésitations curieuses à étudier, des essais timides ou maladroits pour rendre certains effets de plis, en dehors des règles fixes qui seront adoptées plus tard. On a trouvé, particulièrement en Thessalie, tout une suite de stèles funéraires où ce style de transition s'observe dans les draperies[2].

Fig. 12.

---

[1] Pollux, *Onomasticum*, VII, 54 : « On appelle *stolides* les plissés que l'on produit artificiellement sous la pression d'un lien, aux extrémités des tuniques, particulièrement des tuniques de lin. »

[2] Fig. 11 et 12. Plusieurs de ces stèles ont été publiées par M. Fougères dans le *Bulletin de Correspond. hellén.* 1888; cf. p, 179, pl. VI. Notre Fig. 2 (cf. *Ath. Mitth..* 1887, p. 78) est reproduite d'après une photographie qu'il a bien voulu me communiquer. On y remarque des

III

LA BELLE DRAPERIE GRECQUE

Dans une étude générale sur les draperies, nous n'avons pas à expliquer en détail le caractère et l'arrangement des différentes pièces du costume grec. Ce qu'il importe de dégager ce sont les principes mêmes de ce costume qui, plus que tous les autres, s'en est tenu fidèlement aux lois primitives du costume drapé et qui en a tiré les résultats les plus pratiques à la fois et les plus merveilleux.

Le principe des draperies grecques, en opposition avec le costume ajusté des modernes, c'est qu'elles n'ont pas de forme par elles-mêmes. Lorsque le rectangle d'étoffe a été fabriqué, avec toutes les qualités de souplesse, d'éclat, de finesse et de perfection textile que la main des femmes a réussi à lui donner, l'usage grec n'a garde de porter atteinte à ce chef-d'œuvre de l'industrie domestique, en le taillant avec des ciseaux, en remplaçant par des ourlets ou par des coutures les lisières qui en sont comme les frontières naturelles et qui font la solidité de l'ensemble. Cette construction d'art, cette œuvre de prix, il l'accepte telle que le métier la lui donne. La forme qui en paraît absente, ce sera le corps humain qui l'y mettra.

Appliquant le principe, si simple et si naturel, du

---

gaucheries singulières, par exemple les plis rayonnants du sein, les cercles concentriques qui entourent le bras, les plis trop compliqués de la jambe qui porte. Il est instructif de comparer le même ajustement féminin sur la frise du Parthénon (Fig. 13).

rectangle d'étoffe pris sur le métier, les Grecs en déduisent les conséquences avec autar.t de sentiment sculptural que de sens pratique, et ils en font sortir une incroyable variété de combinaisons. Il leur suffit de modifier la dimension ou les proportions de cette pièce rectangulaire, de la plier ou de la doubler sur elle-même, d'y adapter avec un art ingénieux des ceintures ou des agrafes, rendant plus fixes les points d'attache ou de suspension, pour produire des ajustements qui répondent à toutes les exigences de la vie et du goût, se modifient selon les conditions, se prêtent à l'activité des hommes, comme aux délicatesses de l'existence féminine.

A côté de l'*himation*, du châle librement drapé autour du corps, la *chlaine* ou manteau des guerriers ne présente de différence essentielle que l'emploi de la fibule qui la maintient ordinairement sur l'épaule. La *chlamyde* n'est qu'une *chlaine* plus courte, faite d'un rectangle d'étoffe plus étroit, convenant aux cavaliers et aux troupes légères (Fig. 11). Ensuite se place l'usage des deux agrafes, une pour chaque épaule; et l'on obtient ainsi, particulièrement pour les femmes, une nouvelle série de costumes qui couvrent le corps très chastement tout en dégageant avec une grâce infinie les attaches des bras et du cou : c'est le *péplos*, dont les variantes se distinguent par un grand nombre d'appellations que la mode multipliait à plaisir.

A la double attache sur les épaules, quand vient s'ajouter un lien autour de la taille, c'est-à-dire la ceinture, la même disposition rectangulaire conduit à des ajustements très voisins de la tunique grecque ou *khiton*. Déjà, dans le péplos, l'un des côtés étant primitivement ouvert, l'usage tend à l'assujettir par une ceinture, puis même à le fermer de plus en plus, en rapprochant,

par quelques points cousus, les deux bords extrêmes
de la pièce d'étoffe. Or, ce *péplos-fermé*[1] ne différait

Fig. 13.

par aucune forme essentielle de la tunique longue, avec
laquelle il se confond à l'origine, formant d'abord à

---

[1] Fig. 12 et 13.

lui seul tout le vêtement des femmes. La tunique courte
des hommes n'est pas construite, en somme, sur un autre
plan. Les agrafes ou les points de suture qui la suspen-
dent aux épaules et la couture qui la ferme sur un des
côtés n'empêchent pas qu'elle ne procède du même
principe rectangulaire que les autres pièces du costume
grec. Elle n'a pas plus qu'elles de coupe particulière
et ne prend forme que par l'ajustement : c'est pourquoi
elle reste également comprise dans la classe des draperies.

C'est avec ces éléments d'une étonnante simplicité,
tenant encore de la vie primitive et presque sauvage,
que les Grecs ont constitué leur costume et qu'ils en
ont fait le plus bel accompagnement qui ait jamais été
trouvé pour la forme humaine, véritable création d'art,
qui chez eux a ouvert la voie au développement de la
plastique et qui en a été comme une première éclosion
populaire et spontanée. La draperie, telle qu'ils l'ont
comprise et pratiquée, ne sert pas seulement à la décoration de la forme, en multipliant autour d'elle les motifs
de variété, les oppositions de lignes et de couleurs : on
peut dire qu'elle la complète ; elle y accentue deux choses
qui sont l'essence même de la beauté : la proportion et
l'expression !

Nos vêtements modernes, formés de pièces taillées
et cousues, représentent un système différent et même
contraire, ce que l'on peut appeler le *costume façonné*
par opposition au *costume drapé*. Ils dérivent, comme
on sait, de l'usage naturel et presque général des barbares
septentrionaux : Scythes, Germains, Gaulois, qui à
l'origine enveloppaient leur chair frileuse de peaux
étroitement assemblées. Les Mèdes et après eux les
Perses perfectionnèrent ce système, en y ajoutant, par
le luxe des étoffes, une grande magnificence. Que per-

sonne ne nous prête l'intention ridicule de vouloir faire
ici le procès à un costume que d'intimes convenances
ont approprié à nos mœurs, aux besoins de notre climat
et à cette commodité de vie pour laquelle a été créé le
mot de confort. La mode, sans cesse renouvelée, a su
maintes fois en tirer, suivant les époques, des arrangements pleins de fantaisie, de couleur et de charme. Toutefois, en comparant l'esthétique des deux systèmes,
l'artiste ne peut s'empêcher d'accorder la supériorité
aux arrangements libres et expressifs dont la draperie
grecque a fourni les modèles les plus parfaits.

La prétention des habits façonnés est de reproduire
les formes du corps; mais, en suivant les lignes de trop
près, elles les rendent nécessairement moins nettes et
moins pures; en un mot, elles les gâtent. Au dessin
ferme et serré de la nature elles substituent une esquisse
lourde, tremblée, comme les calques tracés par les enfants. Au contraire, le costume drapé des Grecs cache
franchement les parties qu'il veut couvrir. Il coupe
en maints endroits, par la direction transversale des
plis, les lignes de la figure humaine et fait valoir par
contraste ce qui reste à découvert. Pourtant il laisse
deviner quelques points saillants, comme les coudes,
les hanches, les genoux; mais ces points sont justement
ceux qui marquent et rappellent les proportions générales. Les grandes mesures du corps s'accusent ainsi
avec une simplification architecturale, qui en augmente
l'effet.

Les mêmes points s'impriment à la surface de l'étoffe
avec d'autant plus de relief qu'ils sont plus en action,
tandis que les parties inactives restent dormantes et
comme noyées dans la profondeur des draperies. Con-
sidérez sous ce rapport la plupart des figures drapées

représentées debout, particulièrement les figures de femmes. Vous y remarquerez comment la jambe im-

Fig. 14.

mobile devient une véritable colonne; comment les tuyaux droits du vêtement tombent en cannelures parallèles et donnent une sensation puissante de stabilité. Au contraire, la jambe qui marche ou qui s'apprête à marcher communique à la draperie un rayonnement de plis caractéristiques, dont la tension est en proportion de l'effort et dont le rythme s'accorde avec celui même du mouvement. De même sur les eaux la moindre agitation, l'impulsion la plus légère, se marque par un sillage qui permet d'en mesurer la direction et la force. Grâce à cette sensibilité qui lui appartient, la draperie est devenue, entre les mains des maîtres de l'art antique, un admirable instrument d'expression et de sentiment.

Rien ne marque mieux le caractère vivant de la draperie que la disposition oblique des plis dans beaucoup d'ajustements antiques. Cette direction biaise et, comme on dit, *en sautoir* a pour raison la nécessité de dégager le bras droit et de le rendre libre pour l'action. La passivité du bras gauche, au contraire, en est augmentée: car c'est lui qui porte et retient tout l'édifice du costume.

Fig. 15.

Aussi les grands mouvements de ce côté sont-ils, autant que possible, évités par les artistes anciens, comme compromettant la solidité de la draperie. Loin de reproduire, comme le font nos vêtements, le parallélisme apparent qui existe entre les deux moitiés du corps humain, le costume drapé accuse l'inégalité de force que la nature

Fig. 16.

Fig. 17.

y a mise : il sacrifie sans hésitation les règles mortes de la symétrie à l'expression du mouvement.

Chez nous, le costume étant fabriqué d'avance, cette gaine, fixée au corps, demeure par conséquent inerte,

incapable de traduire les dispositions intérieures. Quelle
différence avec le costume grec, qui n'a pas de forme
par lui-même ! On peut
dire qu'il n'existe pas :
c'est le corps qui le crée
et qui le modifie à tout
instant, par les varia-
tions de l'attitude. Si ce
costume fait valoir la
forme humaine, il ne
vaut aussi que par elle.
Il en reproduit le carac-
tère fixe, aussi bien que
les expressions passa-
gères. Le même carré
d'étoffe qui, drapé sur
le corps d'un homme,
prend une tournure
virile, s'il est porté par
une femme, se féminise
aussitôt avec une éton-
nante souplesse[1]. De
plus, on le voit obéir aux
gestes, se transformer
avec la passion : il est
quelque chose d'animé
et de vivant, où se réper-
cutent jusqu'aux mouve-
ments de l'âme.

Fig. 18.

Les orateurs grecs l'avaient bien compris : ils savaient

---

[1] C'est particulièrement le cas pour les figures de femmes où le manteau sert de voile, comme dans la charmante figurine de la *Danseuse*

qu'il y a une éloquence du costume, et plus tard les auteurs de la rhétorique ne manquèrent pas d'en recueillir et d'en formuler les règles. Ce que Quintilien dit du maniement expressif et oratoire de la toge est certainement tiré de leurs préceptes et doit s'entendre, à plus forte raison, de l'himation. Nous savons que les anciens hommes politiques, comme Périclès, s'appliquaient à paraître devant le peuple drapés avec art, le bras enroulé dans le manteau, sans que le geste dérangeât les plis de la draperie. La tribune du Pnyx, sur laquelle ils se tenaient debout, visibles de la tête aux pieds, était pour eux un piédestal; mais cette attitude de statues, qui convenait à leur parole sobre et forte, ne fut conservée plus tard que pour l'exorde. Quelques figures, représentant sans doute des rhéteurs qui se rattachaient par tradition à la vieille école, nous font connaître cet ajustement d'une superbe ordonnance (Fig. 18). Il en est tout autrement des statues de Démosthènes. Ici le manteau, négligemment ramassé sous le bras, dérangé, tordu, froissé dans la chaleur de l'action, n'a plus rien de l'ajustement normal : il trahit le dialecticien passionné, qui, sans plus s'occuper de son vêtement, s'abandonne au courant de sa pensée (Fig. 19).

De pareils effets étaient d'autant plus puissants qu'ils évitaient toute emphase et toute convention théâtrale. Comme le geste même, ils procédaient de la nature; ils étaient empruntés à la vie journalière et tenaient à l'essence même du costume antique. Le parti que les maîtres de l'art grec ont tiré de la draperie, pour développer le caractère et l'expression de leurs figures peintes

---

voilée recueillie à Athènes par l'architecte Titeux et donnée plus tard au Louvre par son ami le sculpteur Cavelier. On la trouvera reproduite dans notre planche hors texte VI.

ou sculptées, ne dérive pas en somme d'un principe différent, et les règles suivies par eux sont sensiblement les mêmes.

Sur la frise du Parthénon, par exemple, où l'on trouve une si grande variété de figures drapées, on peut dire que le costume, toujours en action, n'est jamais disposé d'une façon normale et conventionnelle. Le manteau des hommes en particulier y présente une liberté d'ajustement qui varie avec chaque figure, suivant l'âge, la fonction, le mouvement. L'adolescent en est enveloppé entièrement et presque voilé (Fig. 15). Chez les hommes faits, au contraire, le pan de la draperie, au lieu d'être régulièrement rejeté sur l'épaule, se trouve presque toujours ramené et retenu sous le bras, à la disposition de la main, comme nous l'observions dans la figure de Démosthènes. Les prêtres, les magistrats, les chefs des chœurs sacrés qui règlent le pas des jeunes filles, peuvent ainsi à volonté sangler plus fortement leurs reins, dans le mouvement de la marche processionnelle (Fig. 16). Cependant les premiers rangs du cortège ont déjà touché le seuil de Minerve ; ils se retournent, dans des attitudes reposées, pour voir s'avancer la suite de la procession : les draperies s'associent aussitôt à ces attitudes contemplatives (Fig. 14) ; elles se détachent paresseusement des épaules et laissent rayonner au soleil la virile beauté des torses nus.

De ces observations on peut conclure que les artistes devancèrent les orateurs dans l'étude et dans l'application des lois vivantes de la draperie. Lorsque Périclès s'ajustait encore lui-même à la tribune avec une correction magistrale, les sculpteurs qu'il faisait travailler sous les ordres de Phidias transportaient déjà sur le marbre des formes beaucoup plus mobiles et plus expressives, empruntées à l'observation journalière de la vie ; ils donnaient les premiers l'exemple d'une liberté sem-

Fig. 19.

blable à celle qui fut plus tard appliquée à l'action oratoire par Démosthènes et par son école[1].

Le principe qui régit ces ajustements appartient à l'esthétique élémentaire et pratique en quelque sorte. Tout vêtement drapé, pour se trouver en relation harmonieuse avec le corps, doit obéir à la formule reproduite plus tard par Quintilien : *Nec strangulet, nec fluat.* C'est-à-dire qu'il ne doit être ni serré jusqu'à entraver le mouvement ni flottant au point de l'embarrasser. Or ce sont les conditions mêmes de la plus grande aisance du costume, selon la grande loi socratique et platonicienne qui définit le beau la meilleure adaptation de la forme à

---

[1] Dans notre reproduction de la statue de Démosthènes (Fig. 19), nous avons rétabli la position des mains telle qu'elle devait être sur le bronze original, d'après un curieux passage de Plutarque *(Vie de Démosthènes, 31)*.

la fonction qu'elle remplit. Dans cet état de tension moyenne, les plis, comme dans un instrument bien accordé, possèdent, si l'on peut dire, le maximum de sensibilité et de faculté expressive. Il suffit du moindre degré de contraction ou de relâchement pour en tirer des modulations différentes.

Dans la procession des Panathénées, dont nous parlions tout à l'heure, il est très instructif d'observer combien le caractère de détente qui est partout dans les corps se communique aux draperies. Cette élasticité de la forme, considérée, non sans raison, par les artistes de la belle époque grecque, comme la suprême expression plastique de la force et de la vie (par un sentiment contraire au principe de nos poses académiques), se propage ainsi et se multiplie d'un bout à l'autre de la composition et s'y marque jusque dans chaque pli. De là vient en partie la grande unité de rythme, la sensation intense de loisir et de fête, l'impression d'activité sereine et haute qui, après tant de siècles, se dégagent encore des marbres mutilés et saisissent l'âme du spectateur.

IV

INDICATIONS DIVERSES

Toutefois, ce serait une exagération de croire que la draperie fût invariablement liée à la forme carrée ou rectangulaire. Nous voyons, par exemple, que la chlamyde des cavaliers macédoniens était taillée en demi-cercle. La toge des Étrusques et des Romains reçut aussi, d'assez bonne heure, une coupe semblable, ce qui ne l'empêchait pas d'être un vêtement drapé, tout comme le manteau carré des Hellènes.

Ces draperies, arrondies par une coupe savante, avaient l'avantage d'envelopper plus exactement le corps : elles en épousaient de plus près la courbure naturelle. Mais, lorsque le vêtement était de dimension moyenne, il en résultait un effet plastique un peu monotone et pauvre, comme il est facile d'en juger par le célèbre bronze votif du prétendu *Orateur étrusque*, œuvre très sincère de l'ancienne École étrusco-latine. Aussi, pour obtenir plus d'abondance et de richesse, en vint-on peu à peu à donner à la toge des proportions démesurées ; on en fit un vêtement d'apparat, d'une complication extrême, dont la beauté théâtrale rachetait mal l'incommodité. Les invectives, souvent mal comprises de Tertullien, dans son traité *de Pallio*, sont la revanche sincère et passionnée du manteau grec, devenu national chez beaucoup de peuples de la Méditerranée, contre les inconvénients de la toge.

Au contraire, le rectangle d'étoffe, lorsqu'il est de dimension moyenne et bien appropriée, produit une variété de plis contrariés, d'un accent vif et franc, qui fait mieux ressortir par opposition la forme humaine. Les angles forment des parties excédentes, qui retombent et s'étagent d'elles-mêmes en chutes et en sinuosités, donnant au corps un cadre de l'effet le plus heureux, un accompagnement brillant et riche, mais sans superfluité.

La fidélité persistante des Grecs aux formes élémentaires du costume dérive en somme du même esprit qui a présidé chez eux au développement de l'architecture. Ils laissèrent les Étrusques et les Romains faire dominer l'arc et la voûte dans leurs édifices et donner aussi à leur vêtement une coupe arrondie. Pour eux-mêmes, les bords droits, la forme carrée de l'himation et du péplos, suffisaient à la netteté de leur goût, comme les profils rectilignes et les plans rectangulaires des temples grecs. Ils trouvaient la même satisfaction aux chutes fermes et symétriques des draperies qu'aux triangles des frontons se dessinant sur le ciel. En toute chose, le génie grec s'en tenait aux éléments simples et savait en tirer une délicate et profonde harmonie.

Du même caractère, à la fois plastique et architectural, découle aussi le système qui prévalut dans la décoration du costume antique, et plus particulièrement du costume grec. Dès que leur goût fut développé, les Grecs, auxquels on peut cette fois associer les Romains, n'eurent garde d'emprunter à l'Orient les somptueux tissus, rayés ou bariolés, encombrés de figures et de ramages, où se plaisait la fantaisie des Asiatiques. La raison en est facile à comprendre et conforme aux principes que nous avons exposés.

Les barres rayant l'étoffe ou se croisant pour former des carreaux, bien qu'elles viennent d'elles-mêmes sous la main du tisserand, ont le grave défaut de couper, de contrarier, par le parallélisme des lignes de couleur, le dessin naturel des plis. C'est une concurrence fâcheuse, qui brouille et tue le décor plastique. Il en est de même de toute décoration où l'ornement, par la proportion exagérée ou par l'enchevêtrement capricieux des motifs, l'emporte sur le fond. Les couleurs unies, et surtout le ton naturel de la laine, cette blancheur tempérée qui a quelque chose du marbre, s'harmonisaient au contraire avec la plasticité des draperies. Pour les vêtements plus riches, pour ceux des femmes en particulier, il n'y avait pas d'inconvénient à les consteller d'ornements semés, disposés avec une certaine recherche de symétrie ou d'alternance, mais toujours détachés les uns des autres. Quant aux bandes de couleur, elles servaient ordinairement à souligner les bords naturels de l'étoffe et à rendre ainsi la construction du costume plus claire pour les yeux. Elles pouvaient au besoin former des zones de figures d'un dessin très varié; mais elles couraient le long des surfaces unies, comme les frises peintes et les moulures polychromes au bord des grandes murailles de marbre.

Au contraire, les franges, qui alourdissent les bords du vêtement et en altèrent le ferme contour, sont repoussées par le goût des Grecs comme peu compatibles avec la draperie et comme caractérisant surtout le costume des barbares. Pour des raisons du même genre, le costume drapé préfère aux broderies les ornements tissés; il évite autant que possible les bandes rapportées, les galons, les appliques, les ourlets, les coutures, en un mot toute disposition qui, en modifiant l'épaisseur de l'étoffe et en détruisant l'unité du tissu, risque de fausser et de faire gauchir les plis.

Les étoffes qui rendent le mieux, sur le modèle vivant, le caractère des anciennes draperies, sont celles que l'on fabrique encore à la main, dans certaines régions de l'Orient et même de l'Afrique, pour des usages analogues à ceux de l'antiquité. Même les plus simples d'entre elles ont des qualités spéciales qui manquent à nos tissus, raidis par l'apprêt et par les procédés mécaniques. Aussi les artistes ont-ils raison de collectionner, pour leurs études, ces étoffes en quelque sorte traditionnelles; mais c'est à condition d'écarter avec soin, dans l'usage qu'ils en font, les éléments de décoration contraires aux principes que nous venons d'exposer.

Le principe de la draperie antique et les dispositions qui en découlent reposaient sur une observation si profondément sincère de la nature et de la vie, qu'ils ont survécu à l'antiquité. Le souvenir affaibli s'en conserve au moyen-âge, par les sarcophages chrétiens, par les mosaïques, par les miniatures byzantines, à travers la barbarie de la sculpture romane, pour refleurir dans les images des cathédrales gothiques ou dans les charmants ivoires des XIIIᵉ et XIVᵉ siècles, au moins quant aux parties traditionnelles du costume. La mode du temps y introduit seulement un aspect nouveau, tenant aux étoffes qui sont alors en vogue. Le drap foulé des Flandres donne des plis aigus, dont la commissure (ce que les artistes appellent l'*œil du pli*) est anguleuse et non plus arrondie, comme dans les statues antiques.

La Renaissance reproduit de plus près les anciennes draperies; elle les associe aux éléments du costume contemporain, avec une indépendance et une fantaisie souvent pleines de goût, mais sans pouvoir mettre dans ces combinaisons la franchise expressive d'un costume réellement porté. Aux siècles suivants, selon les tissus préférés par le luxe de chaque époque, apparaissent les larges plis cassés des brocarts ou les plis chiffonnés des soies plus légères. Ces modes durent peu et fatiguent facilement le goût. De nos jours, par lassitude des figures drapées à la grecque, on a vu se produire un essai de simplifier la draperie : on simule de grosses étoffes qui tombent par plans et presque sans plis. Il ne faut pas repousser absolument de pareilles tentatives qui introduisent pour un temps de la nouveauté dans l'art; mais cette fausse simplicité est encore une affectation, et, pour y bien réussir, il faut parfaitement connaître les règles que l'on veut paraître ignorer.

Bien que le principe de notre costume, comme on l'a dit plus haut, soit opposé à celui du costume antique, la draperie n'en doit pas moins garder une place dans les études des artistes modernes. C'est qu'elle est l'inévitable accompagnement de la forme nue, l'élément de contraste et de variété qui sert à la faire valoir. En dehors même des sujets tirés de l'antiquité, toutes les fois que l'artiste, par la force de sa conception, s'élève au-dessus des particularités d'époque et de race, pour représenter l'homme et la beauté humaine, la draperie est pour lui un moyen dont il peut difficilement se passer. Et c'est alors à la draperie grecque qu'il doit en revenir sans hésitation, comme à celle dont les formes simples se rapprochent le plus de la nature. Les lois qui la régissent dérivent si logiquement du mouvement et de la vie, qu'elle est devenue pour nous la draperie idéale et humaine par excellence.

I

L'EXOMIDE GRECQUE

Dans le costume grec et particulièrement dans celui des hommes, on distingue deux classes de vêtements : la tunique et le manteau, la tunique portée sur le corps et le manteau drapé par-dessus la tunique; mais ce costume a des principes tellement simples que la distinction n'est pas fondamentale.

Nous trouvons un type primitif que les Grecs eux-mêmes ne savent pas classer et dont ils disent que c'est à la fois une tunique et un manteau. C'était un manteau parce que le rectangle d'étoffe sans aucune couture, fixé ou non par une agrafe, pouvait se draper autour du corps; mais, agrafé sur l'épaule et serré à la taille par une ceinture, il prenait le caractère d'une véritable tunique.

Il s'agit de l'*exomis*, mot que le langage courant a francisé sous le nom d'*exomide* (de *exô* = dehors, et de *ômos* = épaule)[1]. On l'appelait ainsi parce que le vêtement laissait une des épaules, l'épaule droite, à découvert, avec le bras droit, qu'il rendait par là tout à fait libre pour l'action.

L'exomide convenait à tout déploiement de force. Elle était par excellence le costume du travail, le vêtement caractéristique du dieu-forgeron Héphaestos, le

---

[1] Ἐξωμίς (de ἐξ et de ὦμος).

Vulcain des Grecs. Sur les monuments figurés ainsi que dans les textes, nous la voyons, portée non pas uniquement, comme on le dit quelquefois, par les esclaves, mais encore par les travailleurs libres, hommes du peuple, soldats, cavaliers, marins, artisans. A ce titre, elle avait place dans le vestiaire et parmi les accessoires de la comédie grecque, qui met souvent en scène des gens du commun. On l'écourtait même à plaisir, pour faire rire à leurs dépens. Elle n'en devait pas moins être, à l'occasion, le vêtement des artistes, dans la préparation matérielle de leurs travaux, et Phidias, ébauchant ses chefs d'œuvre, pourra très bien être ainsi représenté. Il est vrai que l'on ne rencontre dans Homère ni le mot ni la chose; tout au plus la devine-t-on sous les haillons du mendiant de l'*Odyssée;* mais ce n'en est pas moins une très ancienne forme du costume grec, contemporaine des premières étoffes fabriquées à la main, dans la Grèce préhistorique.

D'après le principe d'asymétrie exposé dans notre *Introduction,* comme une loi d'expression et de beauté particulière au costume drapé des anciens, on pourrait même, si l'on voulait, considérer l'exomide comme un système d'ajustement. En somme, toutes les pièces d'étoffe, agrafées ou simplement drapées en écharpe sur l'épaule gauche, suivant une mode répandue surtout dans le costume grec, procèdent de ce prototype et sont à la rigueur des exomides, ce qui explique l'hésitation des commentateurs au sujet de ce terme. Même avant les Grecs[1], chez les habitants de la vieille Chaldée l'épaule droite mise à nu, par les hommes comme par les femmes, est une disposition créée par l'usage de s'envelopper

---

[1] Voir l'*Introduction*, p. 6.

dans un seul châle, tout en dégageant le côté du corps qui préside à l'action. Jusqu'à nos jours, les femmes hindoues, en se construisant, avec un seul voile d'une grande longueur, tout un costume compliqué, n'éprouvent aucune gêne à montrer nue leur épaule droite par une consigne naturelle de l'ajustement en diagonale. Les auteurs grecs et latins connaissaient très mal l'Inde antique et il n'y a pas de pays sur lequel ils nous aient transmis plus de fables; mais il ne faut pas rejeter pour cela l'indication qui représente les Brahmanes comme vêtus d'une laine blanche, qu'ils tiraient de la terre (évidemment le coton), et comme s'en faisant des habits qui ressemblaient de très près à des exomides[1].

Le plus souvent, l'exomide est comprise et représentée, même par les anciens, comme une tunique dont seulement l'agrafe de droite a été détachée, ce qui découvre de ce côté l'épaule et le pectoral. Sous cette forme, en effet, elle se confond avec la variété de *khiton* que les Grecs appelaient le *khiton héteromaskhalos* c'est-à-dire une tunique ne couvrant que l'une des deux aisselles ou, si l'on veut, une tunique à une seule emmanchure.

A. — L'EXOMIDE-OUVERTE

Le type le plus simple et tout primitif, que nous étudions ici en premier lieu, *l'exomide-ouverte et sans couture*, est fort rare sur les monuments. J'en rencontre pourtant un très bon exemple dans une figure en bas-relief, anciennement publiée par le Danois Stackelberg[2], comme provenant de Mégare.

---

[1] PHILOSTRATE, *Vie d'Apollonius de Tyane*, III, 15.

[2] STACKELBERG, *Tombeaux des Hellènes*, pl. III, Fig. 2. La stèle originale doit être en Angleterre, mais on en a perdu la trace; cf. S. Reinach, *Répertoire de reliefs grecs et romains*, III, p. 532, n° 1.

Fig. 20. — EXEMPLE DE L'EXOMIDE-OUVERTE.
D'après un bas-relief.

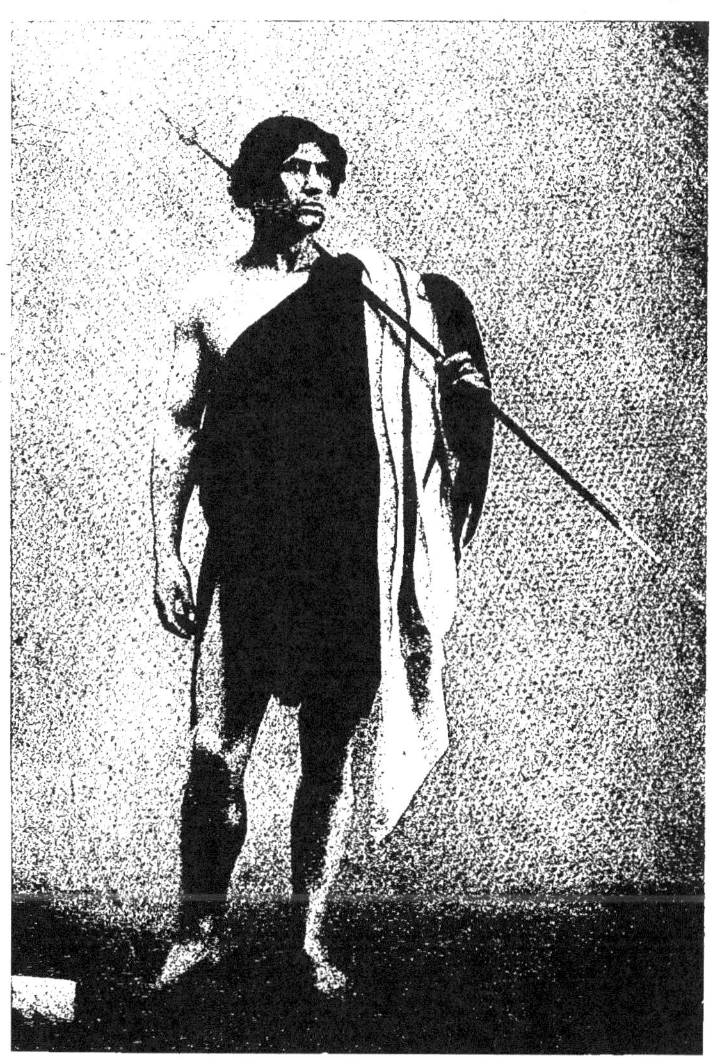

Fig. 21. — Pose du modèle vivant,
avec l'exomide-ouverte.

Elle représente un départ pour la guerre, motif assez fréquent sur les stèles funéraires de la belle époque, en particulier sur celles qui étaient consacrées à des citoyens morts en combattant. La pose offre beaucoup d'analogie avec celle du *Doryphore* de Polyclète, sauf qu'il y a changement de jambes et que le bras gauche porte réellement la lance avec le bouclier. L'épée est suspendue autour de la poitrine ; la main droite abaissée tient la *kyné*, le bonnet de guerre ; mais surtout notre doryphore, au lieu d'être nu, est vêtu de l'exomide ouverte, sur laquelle il a jeté négligemment son manteau militaire. La figure, ainsi ajustée, est vraiment belle et du style grec le plus pur.

Stackelberg, à cause de la *kyné*, à cause aussi de l'exomide, croit pouvoir reconnaître ici un esclave armé, peut-être un hilote laconien. A mon sens, c'est faire un peu trop d'archéologie. Il s'agit simplement d'un citoyen répondant à l'appel de ses chefs militaires et appartenant peut-être à un corps de troupes légères. Il est même possible que le sculpteur, pour l'amour des belles formes, ait préféré le représenter dans ce costume plus libre et, comme nous dirions « en petite tenue », plutôt que de l'emprisonner dans l'armure complète de l'hoplite.

Quel que soit d'ailleurs le personnage représenté, la disposition de son vêtement est facile à lire, même lorsque l'on n'a plus sous les yeux la sculpture originale, mais seulement la gravure de Stackelberg.

Je donne ici cette remarquable sculpture, qui devient notre Figure 20. C'est d'après elle que j'ai tenté de reproduire le même ajustement sur la nature vivante, ainsi que le montre, avec toute la sincérité des procédés photographiques, la pose placée en regard (Fig. 21).

Voici comment s'ajuste l'exomide-ouverte, d'après

la disposition que j'ai tenté de réaliser ici : le bord de
l'étoffe, prise dans la longueur du rectangle, a été passé
en premier lieu sous le bras gauche, puis remonté sur
l'épaule gauche, pour y être fixé et rassemblé des deux
parts à l'aide d'une fibule. De ce point, les deux côtés
s'abaissent ensuite, en avant et en arrière, vers le flanc
droit, où leurs angles supérieurs, rabattus obliquement,
viennent s'entre-croiser dans une ceinture, tandis que
les angles inférieurs, restés libres, descendent en s'en-
tr'ouvrant sur la cuisse nue.

L'étoffe qui m'a servi pour cette restitution est une
pièce rectangulaire, d'un rouge-brun, longue de 2 m. 30
sur 1 m. 40 de large. Il ne faut pas s'imaginer un coupon
que l'on aurait obtenu par sectionnement ou par déchi-
rure, en le détachant d'un interminable rouleau de la
même étoffe, fabriqué d'avance à la mécanique, comme
cela se pratique chez nos marchands. C'est une pièce
à part, terminée dans ses dimensions restreintes sur
le métier à main, sans ourlets ni coutures, une pièce
complète en elle-même, si simple qu'elle soit, ouvrage
de quelque femme grecque ou turque de l'Asie Mineure.
Ce type intéressant me vient de notre première Exposition Universelle en 1867 (Section Ottomane), lorsque
j'ai commencé à former, en vue de mon cours, une collection d'étoffes orientales ou africaines, fabriquées encore
dans des conditions analogues à celles du tissage domestique chez les anciens. Le tissu, assez grossier d'aspect
et un peu lourd, mais très maniable, donne des plis profonds et s'adapte aisément à la forme humaine.

Voulant achever la figure, avec ses détails accessoires,
telle que nous la montre le bas-relief, j'ai trouvé facilement, dans ma collection ethnographique, les éléments
nécessaires : un manteau blanc de provenance abyssine

à jeter sur l'épaule, un bouclier en cuir du Soudan et une fine lance de Madagascar. Ainsi ce n'est pas seulement pour les tissus que je me suis adressé à des populations ayant conservé certains usages de la vie antique. Malgré la diversité des origines, j'espère que l'effet

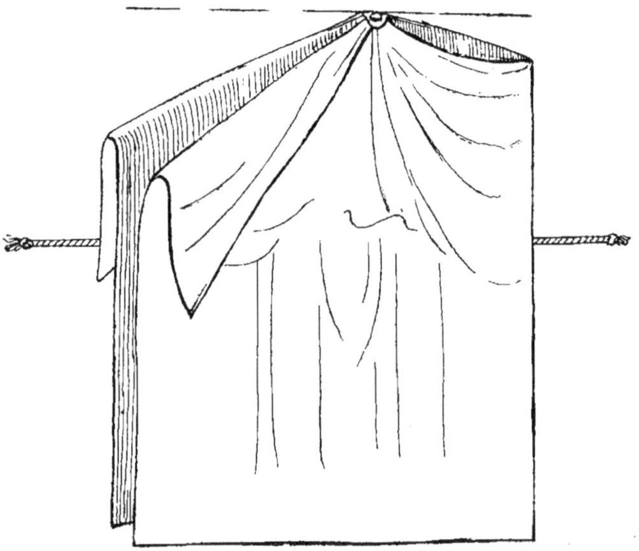

Fig. 22. — Schéma de l'exomide-ouverte,
avant l'ajustement.

d'ensemble ne paraîtra pas trop disparate ni trop éloigné du modèle que nous cherchons à faire revivre.

Dans notre Fig. 23, le modèle a été débarrassé de tout ce qui pouvait masquer les lignes de l'ajustement. Cela nous permet de compléter la démonstration par un tracé schématique, donnant la disposition première de l'étoffe, avec quelques légers traits esquissés à l'intérieur,

Fig. 23. — AJUSTEMENT DE L'EXOMIDE-OUVERTE,
sur le modèle vivant.

pour faire pressentir le mouvement et le déplacement des différentes parties.

Ce schéma (Fig. 22) suffira, je l'espère, pour faire comprendre aux yeux comment les artistes peuvent réaliser la disposition de l'exomide ainsi drapée.

Il faut noter de plus que le même rectangle d'étoffe, une fois séparé du corps humain et ramené à sa forme première, reste entre nos mains comme un précieux élément pour les restitutions qui vont suivre, comme une pièce servant à démontrer l'unité du principe qui les régit. En l'ajustant d'une autre manière, nous pourrons en tirer des vêtements d'un aspect tout différent, par exemple une chlamyde ou bien encore un manteau agrafé en oblique, pareil à celui des joueurs de lyre. Nous avons là une sorte de grande écharpe, dont nous ferions même à la rigueur, en le rejetant sur l'épaule, sans agrafe ni ceinture, un manteau drapé, mais un manteau étroit et court. C'était dans la comédie, il ne faut pas l'oublier, que les acteurs se servaient de l'expression : « Drape-toi dans ton exomide », ce qui devait produire sur la scène un ajustement quelque peu étriqué, destiné à provoquer le rire.

En dehors de tout ajustement, le caractère spécial de l'exomide dépendait aussi de la qualité du tissu dont elle était faite et pour la confection duquel on se servait d'un fil moins finement tordu que pour d'autres vêtements. Rien que par le tissage, on distinguait l'exomide, par exemple, de la chlamyde. L'étoffe, quelque peu bourrue, restait *agnaptos :* c'est-à-dire qu'elle n'était pas peignée à l'aide du chardon à carder, appelé *gnaphos* par les Grecs[1]. Souvent on lui laissait la couleur natu-

---

[1] Γνάφος, d'où ἄγναπτος, ou Κνάφος.

relle de la laine, sans aucun ornement ni bande de couleur.

Tel était, du moins dans le vestiaire de la Comédie grecque, le type en quelque sorte classique de l'exomide. Cependant Plaute, qui imite de près et traduit même volontiers les grands comiques grecs, prête au même vêtement une teinte sombre qui se rapproche de celle que nous avons employée [1].

En dépit de sa grossièreté et de sa simplicité toute populaire, ce n'en était pas moins un vêtement d'un aspect plastique et pittoresque, dont les artistes peuvent, d'après l'exemple que nous avons cité, tirer d'heureux effets.

A côté du bas-relief publié par Stackelberg, on voudrait pouvoir citer avec certitude, parmi les monuments de la belle époque, quelques autres exemples de l'exomide ouverte. Je retrouve tout au moins, sur deux statues de facture gréco-romaine, l'indication très claire du libre ajustement que nous venons d'étudier. L'une d'elles représente un soldat qui attaque, la lance à la main, ce qui confirme l'usage militaire de ce vêtement, porté ici avec la chlamyde [2].

L'autre statue est celle d'un combattant à demi terrassé, dans lequel on a voulu voir, à tort ou à raison, un gladiateur [3].

---

[1] Cf. plus loin, p. 57, note 2.

[2] CLARAC, V, pl. 855, fig. 2154 (statue de Florence), d'après Gori, pl. 72.

[3] CLARAC, V, pl. 867, fig. 2211; Venise, *Musée San-Marco*, II, pl. 66.

B. — L'EXOMIDE-FERMÉE

Il est certain que l'usage s'établit de fermer, le plus souvent sur la cuisse droite, au-dessous de la taille, la partie ouverte de l'exomide, en réunissant par quelques points de couture les deux petits côtés du rectangle. Cette exomide cousue se rapprochait ainsi de la tunique *hétéromaskhalos* ou tunique à une seule emmanchure, au point que, sur les monuments, il est difficile de distinguer ces deux types très voisins l'un de l'autre.

La seule différence, comme construction, était que l'exomide-serrée au travers de la poitrine, restait trop étroite, pour qu'il fût possible, au besoin, de l'attacher aussi sur l'épaule droite par une seconde agrafe, tandis que la tunique *hétéromaskhalos* conservait plus d'ampleur et n'était souvent, à vrai dire, qu'une tunique dégrafée du côté droit. Dans ces conditions, il n'y avait pas grand intérêt pour nous à étudier l'exomide-fermée dans une pose à part ; je me contente de renvoyer à ce qui sera exposé plus loin sur le même sujet, dans l'étude de la tunique (voir p. 59).

La plupart du temps, les artistes grecs eux-mêmes, sculpteurs et peintres de vases, ne semblent pas avoir pris la peine d'éviter la confusion. Le relief des plis, le sens dans lequel les figures se présentent, l'omission du trait marquant la couture sont autant de causes qui ne permettent pas de discerner si l'exomide était ouverte ou fermée. Cette indécision ne doit pas cependant nous priver de signaler, à titre d'exemples, quelques ouvrages du meilleur style hellénique, qui mettent en plein mouvement la forme si vivante de l'exomide grecque.

C'est le cas de la curieuse stèle funéraire de *Mnason,*

au musée de Thèbes. Sur une plaque de fin calcaire noir, de nombreuses lignes gravées au pointillé arrêtent minu-

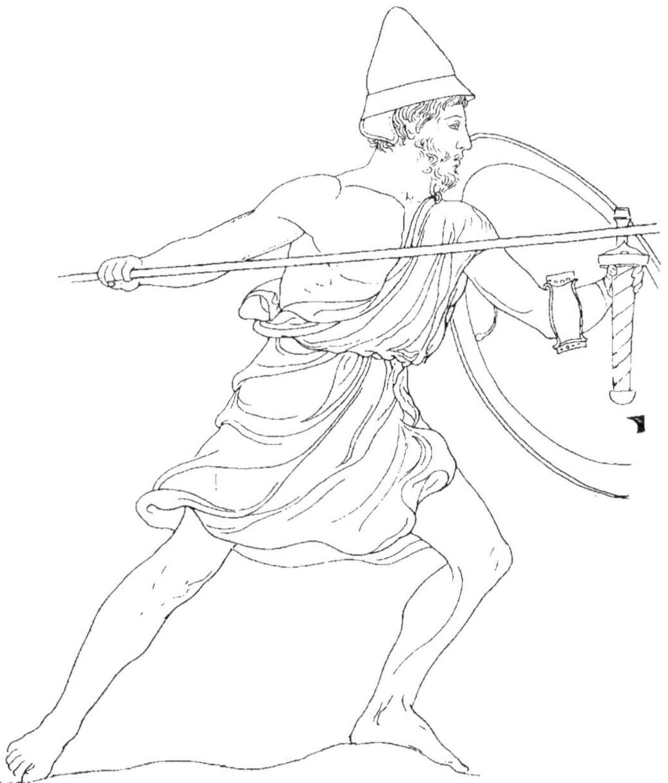

Fig. 24. — Esquisse de l'exomide,
D'après une stèle destinée à être peinte.

tieusement et fixent d'avance tous les traits d'une esquisse qui devait être peinte ensuite, sans doute avec des cires de couleur, par le procédé de l'encaustique. Nous devons à M. Vollgraff, membre hollandais de l'École française d'Athènes, d'avoir publié dans le *Bulletin* de cette École[1] et contrôlé, d'après le monument original, un excellent dessin de M. Bagge, qui a pu, en utilisant des calques, transformer ces lignes de points en traits continus, plus faciles à suivre pour les yeux. Le costume de Mnason (Fig. 24) rappelle de très près le bas-relief de Stackelberg; seulement le personnage est représenté au fort de la bataille, chargeant avec la lance, l'épée tenue de la main gauche sous le bouclier, toute prête à être tirée du fourreau. Le casque, muni de courtes oreillères, a conservé la forme de la *kyné* de cuir dont l'usage était justement d'origine béotienne. L'épaule gauche laisse voir, près du cou, une petite fibule ronde; l'ouverture du vêtement se marque à la taille, sur la hanche droite; mais elle se perd au-dessous de la ceinture. Ce n'en est pas moins un très bel exemple de mouvement donné par les artistes à cette forme du costume, qui, par sa disposition même, était comme le symbole de l'action.

Ce motif impressionnant semble avoir été très employé, à la belle époque, pour les stèles des soldats tués à la guerre : car il s'en trouve au musée d'Athènes une répétition sculptée en bas-relief, dans une attitude presqu'identique et avec le même vêtement de l'exomide, quoique l'épée et la lance ne soient pas figurées et que la position de la main droite indique plutôt un archer[2]. Il semble bien que, dans tous ces exemples, on ait la tenue des troupes légères, avant la création des *peltastes*; car le bouclier n'est pas encore la *pelta*, moins pesante,

---

[1] *Bulletin de Correspondance hellénique*, t. XXVI (1902), pl. VII et p. 554.

[2] C'est l'opinion que soutient EDMOND POTTIER, en publiant cette figure dans le *Bulletin de Corresp. hellén.*, t. IV (1880), pl. VII et p. 408.

mais le traditionnel bouclier rond. Il s'agit ici non d'un Athénien, mais d'un homme de Tégée, nommé *Lisas*, tué sans doute parmi les auxiliaires d'Athènes sur la frontière de l'Attique, dans la région de Décélie, où la stèle a été trouvée.

C. — Manières d'attacher l'exomide

Ainsi faite, l'exomide pouvait aisément s'agrafer sur l'épaule gauche. Les monuments offrent beaucoup d'exemples de ce mode d'attache, en particulier les statuettes d'Ulysse ou de Vulcain; mais, sur d'autres figures, la fibule n'est pas visible, et il semble même que l'artiste ait négligé de l'indiquer. Il est certain que, si le dieu forgeron n'était pas embarrassé de fabriquer à son usage des « fleurons et des enroulements » de métal, au contraire, les pauvres gens dont l'exomide était le vêtement habituel, ouvriers et paysans, ne devaient pas avoir communément à leur disposition, même de simples fibules de bronze, de ces épingles à ressort en forme d'arc, qui se perdaient dans les plis de l'étoffe. Comment alors s'y prenaient-ils ?

Une réponse nous est donnée par un anonyme byzantin qui a recueilli chez ses devanciers beaucoup d'informations curieuses [1].

« L'exomide, dit-il, était à la fois une tunique et un manteau; car elle était à une seule emmanchure et elle avait une partie relevée *(anabolé)* que l'on nouait en haut au moyen du *cosymbos*. »

La question, au premier abord, ne paraîtra pas être

---

[1] L'auteur de l'*Etymologicum magnum* au mot « *exomis* » : ἐξωμὶς χιτὼν ἅμα τε καὶ ἱμάτιον·ἦν γὰρ ἑτερομάσχαλος, καὶ ἀναβολὴν εἶχεν, ἣν ἀνεδοῦντο χοσύμβην (ἀνέδουν τῷ κοσύμβῳ, correction de Saumaise.

éclaircie de beaucoup, car le terme de *cosymbos*, (ou *co-symbé)*, ne se rencontre pas dans la langue grecque de la haute époque. Le mot s'explique cependant par l'usage qu'en font les Septante, ces Juifs hellénisés qui, dès le IIIe siècle avant notre ère, sous le règne de Ptolémée Philadelphe, en pleine floraison de la culture hellénique, entreprirent de traduire en grec leurs livres saints. Ils désignent ainsi l'attache, non pas, il est vrai de l'exomide, dont il n'est pas question, mais de la *kétoneth* ou tunique de *byssus*, que portaient les prêtres d'Israël et que le texte hébreu de l'exode désigne par un terme signifiant « tunique nouée »[1]. Le commandement est formel : « Tu noueras les « kéthoneth avec du byssus »[2].

Flavius Josèphe, le célèbre historien de la prise de Jérusalem par Titus, nous fournit plus tard à ce sujet des explications qui ne laissent rien à désirer. Le témoignage mérite une créance d'autant plus absolue que Josèphe, étant de race juive sacerdotale, a certainement vu et porté lui-même, dans sa jeunesse, la *kéthoneth*, la tunique sainte. Voici comment il s'exprime dans ses *Antiquités Judaïques*[3]. « Cette tunique ne forme pas de plis bouffants, mais, ayant une ouverture de cou très large, on la noue, sur l'une et l'autre clavicule, avec des cordons qui pendent de la lisière sur la poitrine et dans le dos. »

Peut-être faut-il voir là, du moins à l'origine, une

---

[1] Ce que les Septante appellent le *khiton cosymbôtos*, χιτῶνα κοσύμβωτον (*Exode*, XXVIII, 4). Le byssus était une qualité de lin particulièrement fine.

[2] Οἱ κοσυμβωτοὶ τῶν χιτώνων ἐκ βύσσου. *Ibid.*, 39.

[3] Οὗτος ὁ χιτὼν κολποῦται μὲν οὐδαμόθεν, λαγαρὸν δὲ παρέχων τὸν βρογχωτῆρα τοῦ αὐχένος, ἁρπεδόσιν ἐκ τῆς ὤας καὶ τῶν κατὰ στέρνον καὶ μετάφρενον ἠρτημέναις ἀναδεῖται ὑπὲρ ἑκατέραν κατακλεῖδα. FLAVIUS JOSÈPHE, *Antiquités Judaïques*, III, 7.

Fig. 25.

ATTACHE DE L'EXOMIDE.

D'après un bas-relief du Parthénon.

sorte de prévention superstitieuse contre la fibule[1], dont l'ardillon pouvait piquer les doigts et souiller de sang le vêtement du prêtre.

Les peuples tisserands se sont ingéniés à trouver dans le tissu même les moyens de l'attacher. Ils laissaient quelques brins, comme ceux de la frange, qui formaient des attaches toutes simples et d'une solidité suffisante. A propos du *cosymbos*, un grammairien d'Alexandrie fait, de plus, allusion à un accessoire, qu'il compare à un menu bouclier rond *(aspidiskos)* et il considère comme un équivalent de *cosumbos* la forme contractée *coumbos* dont les Grecs modernes ont tiré le diminutif *coumbi*, auquel ils donnent exactement le sens de « bouton »[2].

Les artistes me pardonneront cette excursion un peu détournée; mais nous sommes beaucoup moins loin du costume grec et particulièrement de l'exomide qu'ils ne pourraient le croire. Ce sont les sculptures grecques de la belle époque, celles mêmes du Parthénon, qui nous ramènent en Grèce.

Il y a d'abord, au musée de l'Acropole, un bas-relief qui appartenait au défilé des chars, sur la frise de la Cella. On y voit, à côté du conducteur de l'attelage, un homme d'armes, vêtu de l'exomide. Dans les jeux publics, ces hommes armés s'exerçaient à descendre et à remonter en pleine course, d'où le nom d'*apobates* donné à ceux

---

[1] Il est curieux de voir les anciens conciles interdire aux prêtres chrétiens l'usage des fibules, d'après le texte latin publié par le pape Innocent II :

« Qu'ils ne se servent pas en public de manteaux joints avec des fibules *(pallis diffibulatis)*, mais seulement noués de part et d'autre ». Décrétales III, 1, 15. Certains ordres de religieuses, par simplicité, attachent leur manteau avec un cordon muni d'un bâtonnet de bois, que l'on passe dans une boucle, du côté opposé.

[2] Hésychius, aux mots κούμβος et κοσύμβη.

qui pratiquaient cette sorte de voltige. Le héros national Erichthonios passait pour avoir inauguré lui-même le concours des apobates, en ayant sur son char « un guerrier coiffé du casque à triple aigrette et armé du grand bou-

Fig. 26. — ATTACHE DE L'EXOMIDE.
D'après un bas-relief du Parthénon.

clier rond ». Ne croirait-on pas lire la description de notre Fig. 25[1] ?

Ce guerrier confirme l'usage militaire de l'exomide, même attachée par un simple cordon, qui est comme l'angle étiré de l'étoffe, sans aucune apparence de fibule.

----

[1] COLLIGNON, *Le Parthénon*, Fig. 71, p. 181.

Seulement, on ne voit pas bien comment ce cordon se rattachait par derrière, à l'autre côté du vêtement.

Du reste, sur la partie occidentale de la frise, restée en place, il se trouve une seconde figure portant l'exomide avec le même genre d'attache. C'est l'homme qui s'efforce dans un mouvement superbe, de maintenir son cheval qui se cabre. Sous sa chlamyde, il est vêtu de l'exomide, qui s'entrouvre gonflée par le vent, et qui laisse voir pour seule attache un mince cordon, rapprochant les deux bords étirés de l'étoffe. Notre auteur byzantin était donc bien renseigné sur cette façon d'attacher l'exomide, quel que fût le terme par lequel les contemporains de Phidias désignaient ce simple lien.

Fig. 27. — L'EXOMIDE ATTACHÉE PAR UN NŒUD. D'après une statue.

Remarquez surtout que le cordon d'attache semble s'engager dans une sorte de boucle, où il pouvait être retenu par un léger obstacle, bouton ou traverse. Notre Fig. 26 a été dessinée avec beaucoup d'attention par Julien Deturck, d'après les moulages les plus anciens. Il ne faut pas songer à obtenir davantage en consultant l'original, de plus en plus dégradé par le temps.

Cependant le système le plus simple, d'une simplicité

toute primitive, pour attacher l'exomide, était encore de croiser et de nouer ensemble les deux angles du bord supérieur, comme on met communément aux enfants leur serviette. Dès que les hommes ont su fabriquer des étoffes pour s'en couvrir, leur première idée a dû être de les assujettir au corps par un nœud. C'est le grossier ajustement que Virgile prête à Charon, le nautonnier des Enfers :

« De ses épaules un sordide vêtement pend, attaché par un nœud » [1].

Remarquons l'emploi du terme *amictus*, mot latin, qui s'applique spécialement aux manteaux [2].

Nous l'avons oublié, le sinistre passeur des eaux du Styx, lorsque nous avons parlé des bateliers, des matelots caractérisés par l'usage de l'exomide ; mais les charmants lécythes polychromes que les Grecs plaçaient dans les tombeaux, ne manquent pas de le représenter avec une exomide très étriquée, ordinairement teintée en gris, comme on le voit sur un exemplaire du Louvre [3].

Sur ces figures de vases, je ne retrouve pas, il est vrai, le nœud de Virgile. C'est une statue de notre musée de sculpture qui va nous en donner une représentation bien caractérisée [4]. On a cru y reconnaître, sans raisons bien probantes, une image d'Antinoüs, avec les attributs

---

[1] *Sordidus ex humeris nodo dependet amictus.* VIRGILE, *Enéide*, VI, 301.

[2] Plaute, dans un passage de son *Soldat fanfaron*, où il fait une description minutieuse de l'exomide, la désigne par le mot *palliolum*, diminutif de *pallium* : or *pallium* était un terme dont les Romains se servaient pour dénommer particulièrement le manteau carré des Grecs. PLAUTE, *Miles Gloriosus*, v. 1172.

[3] POTTIER, *Lécythes blancs*, p. 35, n° 4 ; STACKELBERG, *Tombeaux des Hellènes*, pl. 48.

[4] CLARAC, *Musée de sculpture*, III, pl. 266, n° 2431, Antinoüs Aristée.

d'une divinité agricole. Cette dernière désignation me paraît seule tout à fait certaine et s'accorde parfaitement d'ailleurs avec l'usage rustique de l'exomide et avec le nœud très visible sur l'épaule gauche (Fig. 27).

II

LA TUNIQUE DES HOMMES
CHEZ LES GRECS

La tunique, le *khiton* des Grecs, était essentiellement
un vêtement de dessous, tenant au corps et fermé sur
le côté par une couture. Son nom est d'origine sémitique, apparenté au mot araméen *kitoneth* qui désigne
une étoffe de lin. De Phénicie, il passa en Carie, d'où il
se propagea chez les Ioniens de l'Asie Mineure, sans
doute avec les tissus eux-mêmes. Les poésies homériques l'emploient couramment pour la tunique des
hommes (non pour les femmes, dont le costume était
d'un autre ordre). On peut alors supposer que ces premières tuniques des hommes étaient du lin, bien que le
poète ne le dise nulle part en termes précis [1]. Toutefois,
de bonne heure, le mot de *khiton* cessa de s'appliquer à
l'étoffe pour désigner la nature du vêtement, quelle
qu'en fût d'ailleurs la matière. Hérodote [2] parle déjà
d'un « khiton de laine » et Aristophane [3] mentionne un
« khiton de laines velues ».

---

[1] Il y fait cependant allusion, quand il compare le *khiton* d'Ulysse,
pour sa finesse, à « la pelure d'un oignon desséché » : τὸν δὲ χιτῶν' ἐνόησα
περὶ χροΐ σιγαλόεντα, οἷόν τε κρομύοιο λοπὸν κάτα ἰσχαλέοιο. " *Odyssée*,
XIX, 232.

[2] Hérodote, I, 195.

[3] Aristophane, *Grenouilles*, v. 1067.

A. — LA TUNIQUE

AGRAFÉE SEULEMENT A GAUCHE

Il y a tout d'abord, comme transition avec l'exomide, la tunique à une seule emmanchure, le *khiton hétéro-maskhalos*[1], qui était une véritable exomide agrafée sur l'épaule gauche et cousue sur le côté gauche. Les anciens obtenaient un résultat presque semblable en dégrafant l'une des deux fibules de la tunique ordinaire, la fibule de l'épaule droite, comme le montre une pose du modèle (Fig. 28), ou en rompant les points de couture qui parfois remplaçaient cette attache. Les deux types sont souvent difficiles à distinguer sur les monuments. Dans le premier cas, l'étoffe est beaucoup plus tendue contre la poitrine et ne pourrait pas être remontée jusqu'à l'épaule droite pour que l'on y attache une seconde fibule.

Plutarque nous donne un exemple de cette sorte de transformation et de changement à vue dans la tragique histoire de Cléomène III, roi de Sparte, au temps des successeurs d'Alexandre. Curieuse physionomie d'aventurier et de conspirateur, il personnifie pour nous la révolte de l'esprit spartiate et de la royauté héroïque de Lacédémone contre l'organisation nouvelle, créée par le partage de la Grèce et de l'Orient entre les conquérants macédoniens. Plutarque nous le montre en Égypte, dans la ville d'Alexandrie, prisonnier de Ptolémée Philadelphe. Ses amis étant parvenus à faire croire à ses gardiens qu'il avait obtenu la grâce royale, Cléomène donne, dans sa prison même, un banquet, à la

---

[1] Ἑτερομάσχαλος, mot à mot : qui ne couvre qu'une aisselle, de ἕτερος, l'autre, et μασχάλη, aisselle.

Fig. 28. — POSE DU MODÈLE, VÊTU DE LA TUNIQUE,
avec la fibule de droite dégrafée.

suite duquel « il rompt la couture qui fermait sa tunique sur l'épaule droite[1] », et s'élance dans la ville, l'épée à la main, à la tête de onze conjurés. En vain cherche-t-il à soulever la population : le vide se fait devant lui; il se sent perdu et n'a plus qu'à mourir avec ses complices, qui se frappent eux-mêmes et s'achèvent les uns les autres.

B. — LA TUNIQUE A DEUX FIBULES

Occupons-nous maintenant de la vraie tunique, le *khiton amphimaskhalos* [2] ou à deux emmanchures. Pour en étudier la construction, nous chercherons des exemples indifféremment parmi les figures vêtues de la tunique de laine ou de la tunique de lin, la nature du tissu n'apportant aucune modification appréciable dans la forme du vêtement.

On prend une seule et même pièce d'étoffe rectangulaire; on la plie en double pour coudre l'un avec l'autre les deux bords opposés. Cette fermeture latérale forme une sorte de fourreau cylindrique ou, si l'on veut, de sac sans fond que l'on enfile autour du corps, en le suspendant sur chaque épaule par une fibule ou par quelques points de couture, si l'on préfère une attache permanente. La tunique, ainsi disposée, appartenait à la classe de vêtements que les Grecs caractérisaient par le mot *enduma*[3], c'est-à-dire des vêtements dans lesquels on

---

[1] Ἐνδυσάμενος τὸν χιτῶνα καὶ τὴν ῥαφὴν ἐκ τοῦ δεξιοῦ παραλυσάμενος ὤμου. PLUTARQUE, *Cléomène*, 37, 2.

[2] Ἀμφιμάσχαλος, mot à mot : qui couvre les deux aisselles, de ἀμφί, des deux côtés, et de μασχάλη, aisselle.

[3] Ἔνδυμα, de ἐνδύω.

entrait, que l'on passait, comme nous passons une chemise ou une blouse. L'ajustement est complété par la ceinture, qui dessine autour de la taille une série de plis bouffants appelée *kolpos* par les Grecs. Cela permettait de remonter la tunique jusqu'aux genoux et parfois un peu au-dessus.

Par une précaution que les anciens ne manquaient jamais de prendre, en ajustant la tunique, l'ouverture du milieu, autour du cou, était toujours laissée plus large par devant que dans le dos, ce qui facilitait le passage de la tête et produisait en avant cette sorte de bec, avec plis étagés, que l'on remarque sur les figures portant la tunique (Fig. 30).

Une conséquence à laquelle on ne fait pas assez attention, est que, dans cette forme, les bras ne pouvaient sortir que par le haut et non sur les côtés ; mais l'étoffe, en retombant, leur donnait toute liberté et, par son plus ou moins d'ampleur, produisait des plis qui dégageaient avec grâce le nu des épaules, tout en recouvrant suffisamment les aisselles, ce qui répond tout-à-fait au nom de *khiton amphimaskhalos*.

Je donne ici le tracé schématique de la tunique avant l'ajustement (Fig. 29). Le modèle placé en regard (Fig. 30) la montre tout ajustée. Seulement, au lieu de la ceinture ordinaire, j'y ai employé un large ceinturon de cuir, dont il sera parlé plus loin.

Le plan d'après lequel est construite ici cette tunique est digne de fixer l'attention. On le retrouvera dans le péplos fermé et dans la tunique des femmes, où certaines modifications, qui augmentent les dimensions de l'étoffe et multiplient le nombre des fibules, n'altèrent en rien le caractère très original de l'ajustement.

L'exemple que représente notre Figure 31 est reproduit

d'après un de ces grands vases en marbre, décorés de bas-reliefs et remplaçant souvent la stèle dans les nécropoles athéniennes. Le personnage, nommé Onésimos, porte la tunique, telle que nous venons de la décrire, et il l'associe à quelques attributs guerriers, comme l'épée

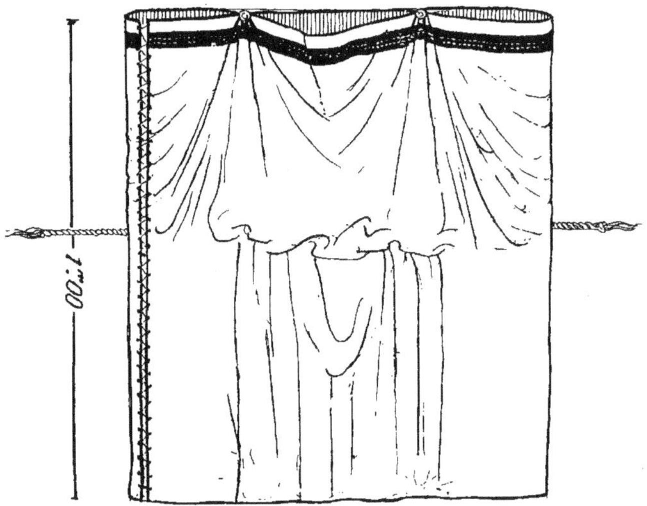

Fig. 29. — SCHÉMA DE LA TUNIQUE
avant l'ajustement.

tenue à la main, et comme le casque conique ou *kuné*, portant le nom du bonnet de cuir dont il imitait la forme.

Pour reproduire cet ajustement sur la nature, j'emploie un rectangle d'étoffe de 1 mètre de haut sur 1 ᵐ 80 de large. C'est un tissu abyssin, assez léger, d'aspect laineux et de couleur blanche. Une bande verte et rouge, tissée à même, comme les bandes ou *paruphai* des étoffes

Fig. 30. — La tunique ajustée
sur le modèle vivant.

Fig. 31. — EXEMPLE DE LA TUNIQUE.
D'après un bas-relief.

grecques, souligne à propos le bord supérieur et permet d'en suivre le contour (Fig. 30 et 32).

Les figures sculptées portant la seule tunique sont assez rares, surtout les statues de ronde bosse. L'idée maîtresse des artistes grecs étant de faire valoir la forme humaine, ils se passaient volontiers de cette pièce intermédiaire. Les sculpteurs, mieux que les autres, avaient observé sur le vif qu'elle était plutôt gênante pour le libre jeu des plis et ils la supprimaient autant que possible.

Je dois signaler encore, au sujet de la même tunique, quelques détails exceptionnels que les monuments nous font connaître.

Fig. 32. — Pose du modèle,
vêtu de la tunique.

Les fibules sont parfois remplacées par de simples cordons, comme nous l'avons vu pour l'exomide ; seulement les deux épaules en sont toutes les deux pourvues. Le fait est démontré avec une évidence absolue par une peinture de vase qui représente un jeune guerrier s'armant (Fig. 33) [1]. Dans une attitude pleine de mouvement, qui pourrait être donnée par une belle statue, il tient le baudrier de son épée au-dessus de sa tête. Sa courte tunique de lin, remontée très haut, est visiblement suspendue aux épaules par deux attaches longues et plates, lanières ou bandelettes, qui laissent de l'espace et du jeu entre les deux bords du vêtement.

Fig. 33. — LA TUNIQUE AGRAFÉE
PAR DES CORDONS.
D'après un vase peint.

Il n'était pas sans intérêt d'étudier l'effet produit sur la tunique, en photographiant le modèle dans une pose semblable (Fig. 34).

---

[1] Sur une coupe signée par Euphronios, GERHARD, *Auserlesene Vasenbilder*, III, pl. 225 ; S. REINACH, *Répertoire des vases peints*, II, p. 114.

Fig. 34. — MÊME DISPOSITION DE LA TUNIQUE
sur nature.

Fig. 35. — LA TUNIQUE A DEUX CEINTURES,
sur la frise du Parthénon.

Autre détail à noter : la tunique est assez souvent
serrée par une seconde ceinture, plus large et placée un

Fig. 36. — La tunique a deux ceintures
sur le modèle vivant.

peu plus haut que la première : c'est le *zoster*, sorte de ceinturon en cuir, qui a un aspect militaire et qui accentue le caractère viril des personnages. On n'en saurait trouver de plus bel exemple que ce cavalier du Parthénon[1], qui, debout devant son cheval, fait un geste d'appel aux autres cavaliers s'apprêtant, comme lui, à suivre la cavalcade des Panathénées (Fig. 35). Par une heureuse coïncidence, il nous donne aussi une nouvelle représentation de la tunique attachée par des cordons. Le cordon de l'épaule droite semble même retenu, sur le devant, par un petit objet de forme ronde, qui pourrait être soit un bouton, soit un anneau. La disposition devait se répéter à gauche ; mais elle est masquée par la chlamyde, qui couvre cette partie. La pose du modèle (Fig. 36) donne la reproduction sur nature.

Ajoutons que la tunique courte pouvait être raccourcie encore davantage par un repli, qui la doublait sur elle-même, dans sa partie supérieure. Un vase peint représente, ainsi vêtu de court, avec son *khiton* replié par le haut, le pasteur Euphorbos, tenant sur son bras le petit Œdipe, qu'il vient de détacher des branches d'un arbre auquel il était suspendu par les pieds, et le portant au roi de Corinthe (Fig. 37). Il est bon de noter que cette tunique, comme dans plusieurs figures précédentes, est attachée sur les épaules, non par des fibules, mais par des brides qui sont ici cousues sur le repli même, par devant et par derrière. On ne pouvait donc les supprimer facilement, si l'on voulait rallonger la tunique ; il fallait de toute nécessité les découdre ou les rompre.

Dans certaines circonstances, la tunique se portait sans ceinture. Pendant la nuit, la ceinture était gênante

---

[1] COLLIGNON, *Le Parthénon*, pl. 76 et 80, Fig. 23.

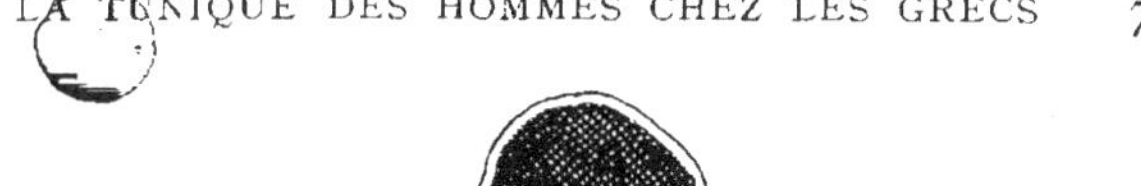

Fig. 37. — LA TUNIQUE COURTE A REPLI.
D'après une peinture de vase.

pour le sommeil, on ne la mettait pas. Le poète Hésiode
conseille à l'homme de la campagne d'entretenir avec
ses voisins des rapports amicaux, parce que, dit-il, s'il

survient, la nuit,
un désastre, un in-
cendie par exemple,
les voisins sont ar-
rivés déjà sans avoir
mis leurs ceintures,
tandis que les pa-
rents prennent leur
temps pour se cein-
dre[1].

Les enfants sont
aussi représentés
sans ceinture à leur
tunique. Il était na-
turel de ne pas ser-
rer à la taille les
jeunes corps dont
la croissance et le
libre développe-
ment auraient pu
en souffrir. Nous en
avons un exemple,
sur les vases peints,
dans la scène où
Troïlos, le dernier
fils de Priam, est
immolé par Achille.
Est-ce également le
moyen d'expliquer
le costume du jeu-
ne Thésée, sur une

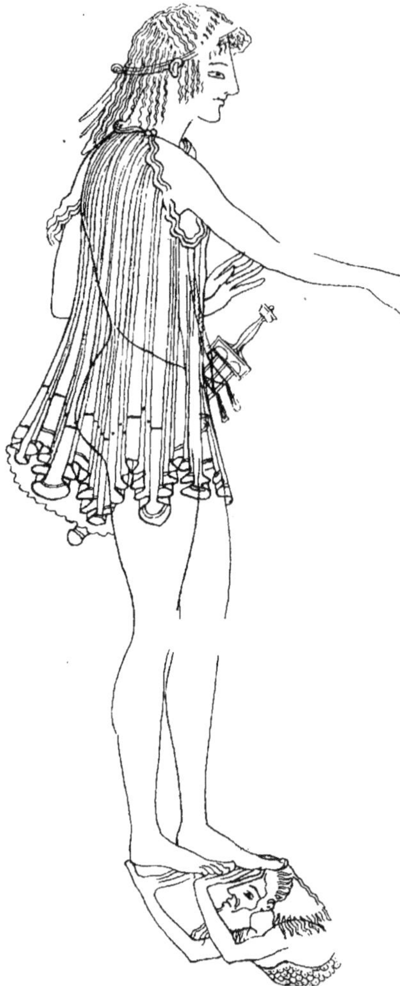

Fig. 38. — La tunique sans ceinture.
D'après une peinture de vase.

---

[1] HÉSIODE, *Les Travaux et les Jours*, v. 344. Γείτονες ἄζωστοι ἔκιον,
ζώσοντο δὲ πηοί.

belle coupe d'Eu-
phronios, au Musée
du Louvre? On sait
que la légende le di-
sait fils de Poseidon,
dieu de la mer. Or,
provoqué par
un doute inju-
rieux du roi
Minos, il se pré-
cipita dans les
flots tel qu'il
était vêtu, pour rap-
porter un témoi-
gnage de sa nais-
sance. La coupe du
Louvre le repré-
sente tenu debout
par un petit Tri-
ton, devant la dées-
se Amphitrite[1]. Il
porte pour tout vê-
tement une simple
tunique de lin très
courte et sans au-
cune ceinture (Fig.
38). Je suis très dis-
posé à croire que, si
le peintre céramiste
l'a vêtu de la sorte,
c'était pour mon-

Fig. 39. — La tunique sans ceinture
et la cuirasse.
D'après une peinture de vase.

---

[1] *Monuments grecs*, I (1872), pl. 1 (article de J. de Witte).

trer que Thésée était encore un très jeune homme, presqu'un enfant, lorsqu'il exécuta cet audacieux plongeon, son premier exploit. La légende était particulièrement chère aux Athéniens ; ils y voyaient un symbole de leur puissance maritime.

Enfin, il y a encore une question de la tunique sans ceinture et de la cuirasse. Sur un vase peint, Hector est représenté se revêtant de son armure (Fig. 39). Sa courte tunique n'a pas de ceinture[1].

Sans doute, la ceinture, entourant la taille, sous la pression de la cuirasse, incommodait le guerrier. On observera, d'autre part, que, sur chaque épaule, la fibule est supprimée et remplacée par deux points de couture très espacés. Il est certain que les fibules de métal, sous les attaches de la cuirasse, étaient encore plus gênante que la ceinture et pouvaient même meurtrir les chairs. Une précaution explique l'autre.

C. — LA TUNIQUE LONGUE

Nous en avons fini avec la tunique courte. Les hommes portaient aussi par moments, comme costume de cérémonie, la tunique longue, la tunique talaire des archéologues (en latin *tunica talaris*), que les Grecs distinguaient par l'épithète de *podérès*[2], c'est-à-dire « qui tombe jusqu'aux pieds ».

Les Ioniens se montraient aussi dans leurs longues tuniques de lin, aux fêtes solennelles de l'Artémis d'Ephèse, ce qui les fait nommer par Homère *helké-*

---

[1] GERHARD, *Auserl. Vasenbild.*, pl. 188 ; S. REINACH, *Répertoire des Vases*, II, p. 94, n° 6.

[2] Χιτὼν ποδήρης.

Fig. 40. — LA TUNIQUE LONGUE.
D'après une statue de bronze.

khitones [1], les « Ioniens traînant leurs tuniques ». Comme exemples datant déjà d'une époque historique, on peut citer les antiques statues assises des chefs milésiens, alignées le long de la voie des Branchides [2]. Même sur la frise du Parthénon, au point d'arrivée du cortège panathénaïque, le khiton long distingue encore le grand-prêtre, repliant le péplos de la déesse [3]. C'est le vêtement des personnages exerçant quelque haute fonction civile ou sacerdotale.

Il était aussi donné, comme une brillante livrée, aux gens que leur profession faisait paraître dans les fêtes, dans les assemblées, et y attirer l'attention par leur costume. Tels les citharèdes, les joueurs de flûte et, ce qui tout d'abord semble plus anormal, aux conducteurs de chars, dans les jeux publics. Nous en avons, comme exemple remarquable, la célèbre statue de bronze de l'*Aurige*, découverte à Delphes par l'École d'Athènes, sous la direction de M. Homolle (Fig. 40)[4].

A côté des rois, les grands dieux sont naturellement revêtus de la tunique longue (Fig. 41) : Zeus, Poseidon, Apollon dans son costume de citharède, Dionysos comme chef des chœurs bachiques.

Il ne faut pas cependant en refuser tout-à-fait l'usage aux gens du commun. L'hiver, c'était pour eux une ressource contre le froid. Je trouve là une occasion de citer quelques vers d'Hésiode qui décrivent le costume des paysans grecs d'une façon toute pratique, sous des traits assez différents de ceux auxquels nous sommes habitués :

---

[1] 'Ιάονες ἐλκεχίτωνες, HOMÈRE. *Iliade*, XIII, 685; *Hymnes*, I, 147.

[2] PERROT, *Histoire de l'Art*, VIII, Fig. 109, 110.

[3] COLLIGNON, *Le Parthénon*, Fig. 75, p. 189 et 127, n° 34.

[4] *Monuments et Mémoires de la Fondation Piot*, IV, pl. 15.

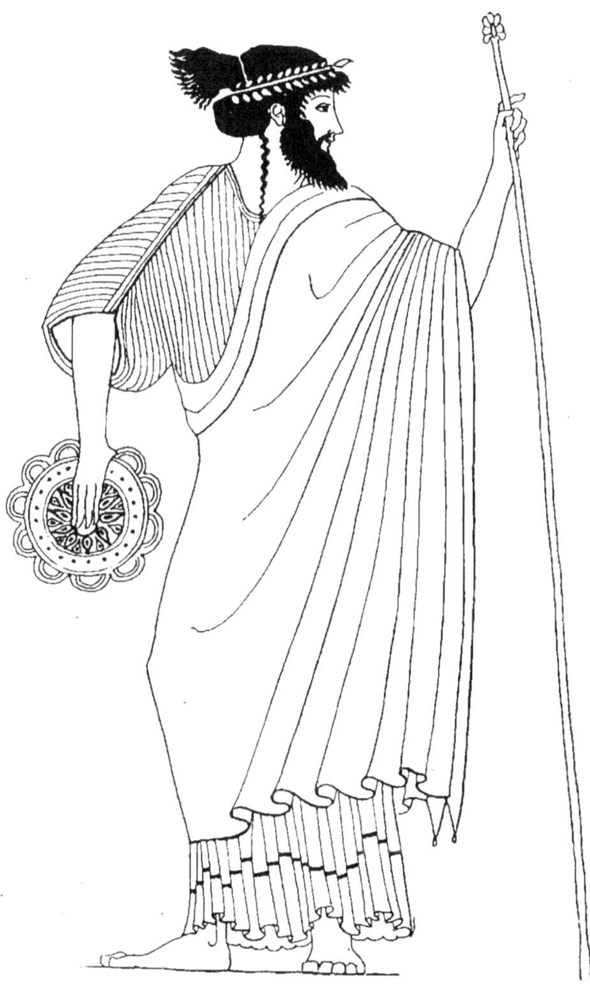

Fig. 41. — LA TUNIQUE LONGUE.

D'après une peinture de vase.

« Alors, fais un rempart à ta chair comme je t'y invite,
« Avec une *khlaine* molle et avec une tunique tombant jusqu'en bas :
« Mets-y un peu de chaîne, beaucoup de trame[1]. »

Le mot dont le poète se sert pour qualifier le *khiton* (*termioeis*) est en rapport avec le substantif *terma*, comme nous dirions *terminal*. Il se rencontre aussi dans l'*Odyssée*, employé une seule fois, pour désigner une tunique donnée à Ulysse, comme cadeau d'hospitalité[2].

La tunique talaire pouvait encore s'accroître d'un repli tombant sur la poitrine, ce qui faisait paraître l'ensemble du vêtement très riche et très étoffé. L'exemple ici reproduit est une image de Zeus (Fig. 42). Il a la barbe et les cheveux blancs. Le peintre, en détachant cette couleur blanche sur le fond rouge du vase, a voulu accentuer, chez le maître des dieux, un âge digne de respect et la composition y gagne un caractère d'austérité peu commun. Dans l'autre représentation de Zeus (Fig. 41), la longue tunique de lin, à repli, est, de plus, fermée sur les bras par une couture.

D. — LA TUNIQUE EN DEUX PIÈCES

Les Grecs connaissaient une autre tunique, différant beaucoup, par la construction, du type que nous venons de décrire. On prenait deux pièces d'étoffe, au lieu d'une seule, pour les coudre ensemble dans le sens de la hauteur par les deux bords opposés. Le vêtement était de même

---

[1] Καὶ τότε ἔσσασθαι ἔρυμα χροὸς, ὥς σε κελεύω ‖ χλαῖνάν τε μαλακὴν καὶ τερμιόεντα χιτῶνα ‖ στήμονι δ'ἐν παύρῳ, πολλὴν κρόκα μηρύσασθαι. HÉSIODE, *Les Travaux et les Jours*, v. 536 et suiv.

[2] HOMÈRE, *Odyssée*, XIX, v. 242.

Fig. 42. — La tunique longue avec repli.
D'après un vase peint.

6

cousu sur les épaules, sauf au milieu, où l'on ménageait
une grande ouverture, avec tout le jeu nécessaire, par
devant, pour le passage de la tête. Quant aux bras, il
était beaucoup plus commode de les faire sortir, non
par le haut, mais directement des deux côtés, par deux

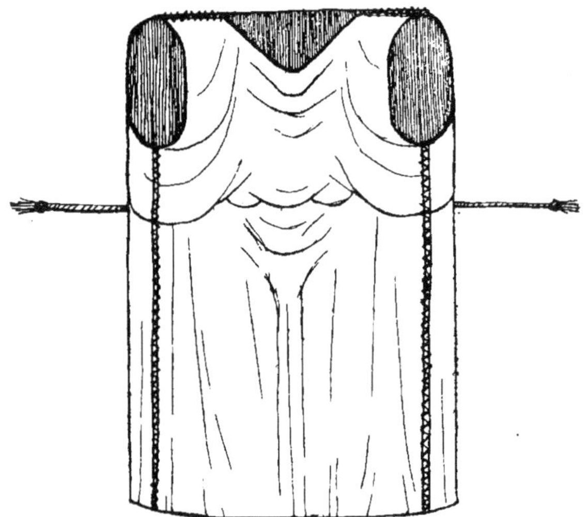

Fig. 43. — LA TUNIQUE EN DEUX PIÈCES.
Dessin schématique.

ouvertures plus petites, réservées aux dépens des coutures latérales.

Le khiton, ainsi façonné, pouvait être très peu large
et serrer le corps de très près. Ce n'était presque plus de
la draperie. Aussi croyons-nous suffisant, pour en faire
comprendre la construction, de donner ici un simple
tracé schématique (Fig. 43).

Cette forme est, d'autre part, la seule qui permette
d'adapter à la tunique des manches plus ou moins lon-

gues. Avec l'aiguille il est. facile de les adapter aux ouvertures laissées des deux côtés et l'on obtient ainsi la tunique à manches, le *khiton kheiridôtos* [1] des auteurs.

Les artistes employaient le plus souvent ce khiton lorsqu'ils avaient à représenter des populations barbares, comme les Perses, auxquels l'usage des manches longues était venu anciennement des Babyloniens. A plus forte raison, sur les monuments, la même tunique est-elle usitée d'ordinaire pour caractériser les Troyens, les ennemis légendaires des Grecs ?

D'autre part, les sculpteurs et les

Fig. 44.
LA TUNIQUE A MANCHES LONGUES,
sur la frise du Parthénon.

---

[1] Χιτὼν χειριδωτός, de χειρίς, manche.

peintres paraissent souvent éprouver un certain embarras à donner quelque accent à ces longs fourreaux d'étoffe, qui enveloppent les bras sans faire valoir en rien les formes de nu. Voyez, sur les frontons d'Égine, la statue de l'archer troyen qui vise le talon d'Achille. Ses longues manches sont agrémentées d'une série de petits plis dont la disposition, tout artificielle, ne dit rien aux yeux[1].

Cependant, l'usage de la tunique à manches pénétra chez les Grecs plus tôt que l'on ne paraît le croire. On en trouve déjà, au Parthénon, un très bon exemple dans le groupe des jeunes gens qui se préparent à monter à cheval : c'est la figure, bien connue, de ce jeune élégant qui se fait ajuster la ceinture de sa tunique à manches (Fig. 44)[2].

L'origine orientale du culte de Bacchus et des représentations théâtrales fait comprendre que la tragédie grecque ait généralisé l'emploi des manches dans le costume, d'ailleurs tout conventionnel, porté par les acteurs. En conséquence, on ne s'étonnera pas de voir Hercule, sa massue à la main, revêtu lui-même d'une robe de gala à manches, qui cache ses bras vigoureux et lui tombe jusqu'aux pieds[3].

---

[1] COLLIGNON, *Sculpture grecque*, I, Fig. 145.

[2] COLLIGNON, *Le Parthénon*, pl. 101 et 103, n° 133.

[3] SAGLIO-POTTIER, *Dict. des Antiq.*, article CHORUS, Fig. 1425.

LE MANTEAU DRAPÉ DES GRECS

Le manteau que portaient les Grecs, dans la vie civile, était un rectangle d'étoffe d'une seule pièce, comme nous l'avons vu pour l'exomide et pour la tunique[1], disons un châle de laine, conservant la forme première du métier à tisser, mais de dimensions plus grandes que les vêtements précédemment décrits. On se contentait de le draper, de l'enrouler autour du corps, sans attaches fixes d'aucune espèce.

Pour sa forme, toute géométrique, nous en avons la preuve dans la représentation, sur un vase peint[2], de cet éphèbe qui replie son manteau en carré (Fig. 45).

Le mot *himation*[3], par lequel les Grecs le désignaient d'ordinaire, avait deux sens différents, l'un très général qui pouvait s'appliquer à toutes sortes d'habillement, l'autre qui se restreignait au seul manteau drapé. C'était une forme diminutive de *heima*, vêtement; mais, dans la nomenclature du costume grec, la forme diminutive n'indiquait pas toujours, soit une grandeur moindre, soit une étoffe plus fine; souvent il exprimait une sorte

---

[1] Excepté pour le cas de la tunique en deux pièces. Voir plus haut p. 80.

[2] GERHARD, *Auserlesene Vasenbilder*, IV, pl. 283, n° 1. S. REINACH, *Répertoire des Vases peints*, II, p. 140, n. 1.

[3] Ἱμάτιον; cf. εἷμα, vêtement.

d'affection pour le vêtement que l'on porte d'habitude[1].

Si le terme de *châle* ne nous vient pas de lui-même à l'esprit, c'est qu'il fait penser tout d'abord aux longues franges et aux carreaux de châle écossais ou bien aux palmettes du châle de l'Inde. Or, les Grecs considéraient les franges surtout comme nuisant à la netteté de la forme, et ils n'en mettaient pas. Supprimez ces détails secondaires, et le châle sera pour nous la véritable survivance de l'ancien himation. Le nom de *manteau* par lequel nous traduisons communément le mot grec, y répond, au contraire, très mal et seulement pour l'idée, toute générale, de vêtement de dessus. Notre manteau est déjà un vêtement façonné, coupé, cousu, agrafé, qu'il vaudrait mieux laisser de côté.

Le manteau drapé le plus ordinaire, celui qui était, comme nous dirions, le manteau de tous les jours et le manteau de tout le monde, s'appelait *tribon*[2] (de *tribein*, user par le frottement) Le diminutif *tribônion*, fréquemment employé, répond bien à l'observation que nous avons faite tout à l'heure.

Il y avait aussi un manteau plus élégant, d'une laine plus fine, qui recevait le nom de *khlanide*, en grec *khlanis*[3]. Encore un diminutif ; celui-ci dérivé de *khlaina*, la *klêne*, grand manteau de l'époque homérique.

C'était un vêtement distingué ; porté dans la rue, il attirait sur la personne une certaine considération et lui valait d'être salué par les passants pour son habit.

La comédie nous offre sous le rapport du costume

---

[1] C'est le sentiment familier exprimé dans le vers connu :
« Mon vieil habit, ne nous séparons pas ».

[2] Τρίβων, τριβώνιον, de τρίβειν.

[3] Χλανίς, de χλαῖνα.

des tableaux pleins de vie, que l'artiste consultera avec plaisir. Veut-on se représenter un de ces beaux jeunes gens qui, dans Athènes, faisaient groupe autour des philosophes en renom, en voici le portrait :

« Bien cuirassé dans les plis de sa khlanide, s'appuyant sur son bâton, dans un costume distingué[1]. »

Le mot à mot dit même « en appuyant sur son bâton un costume distingué » : l'image peut paraître un peu forcée; mais, dans la réalité, elle était d'une grande justesse. Le bâton des élégants d'Athènes, terminé en tête de béquille, était disposé ainsi tout exprès pour rassembler et retenir sous l'aisselle les plis de l'himation, dans une pose familière, souvent reproduite par les bas-reliefs et par les peintures de vases.

Un autre poète comique nous donne une description du même genre :

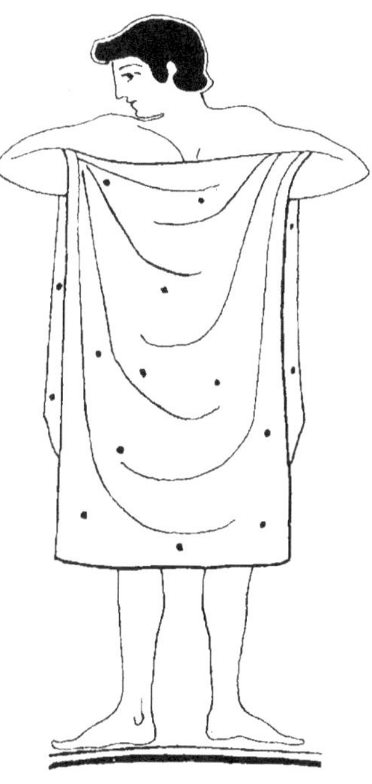

Fig. 45. — EPHÈBE PLIANT SON MANTEAU.
D'après une peinture de vase.

« Eh ! mon cher, devines-tu quel est cet homme?

---

[1] 'Ογκῷ χλανίδος ὥς τε θωρακισμένος,
Σχῆμα ἀξιόχρεων ἐπικαθεὶς βακτηρίᾳ.
Le poète comique EPHIPPOS, *Fragm. comic. graec.* de DIDOT, p. 493.

« Ce vieillard qui vient? — son aspect est tout hellénique :

   « Khlanide blanche, belle tunique de couleur foncée,
   « Bonnet de feutre souple, bâton bien proportionné.
   « Légères sandales de bois. Pourquoi en dire davantage? En un mot, c'est l'Académie[1] elle-même que je crois voir. »

A. — LE MANTEAU DRAPÉ PORTÉ SEUL

Si l'on ne consultait que les monuments figurés, on serait disposé à croire que les Grecs portaient, le plus souvent, le manteau drapé, seul et sans tunique. En effet, il en est ainsi presque toujours, même dans les représentations qui nous donnent l'image de la vie réelle, comme sur la frise du Parthénon, par exemple, qui devait reproduire en toute vérité, semble-t-il, la procession des Panathénées.

C'est là pourtant une erreur : on compte sans le culte de la forme humaine, qui était, pour l'art grec, une véritable loi. Les artistes avaient observé que souvent la tunique dissimulait trop la beauté du corps ou contrariait, dans le jeu expressif de ses plis, le manteau drapé : ils la supprimaient de parti pris.

---

[1] L'Académie, l'École de PLATON qui est pris à partie lui-même dans les vers suivants :

    " Ὦ τάν, κατανοεῖς τίς πότ' ἐστιν οὑτοσὶ
    " Ὁ γέρων; " — Ἀπὸ τῆς μὲν ὄψεως Ἑλληνικὸς·
    " Λευκῆ χλανὶς, φαιὸς χιτωνίσκος καλὸς,
    " Πιλίδιον ἁπαλὸν, εὔρυθμος βακτηρία,
    " Βαιὰ κρούπεζα. Τί μακρὰ δεῖ λέγειν; ὅλως
    " Αὐτὴν ὁρᾶν γὰρ τὴν Ἀκαδημίαν δοκῶ. "
            ANTIOS, *Frag. graec. comic.* éd. DIDOT, p. 352.

Il appartient à l'étude du costume d'en appeler aux textes ou même au simple raisonnement pour rétablir les faits, tels qu'ils devaient être en réalité. On imagine difficilement que les *thallophores*, ces vieillards qui marchaient en tête du cortège panathénaïque, ou que les délégués des tribus dirigeant les groupes de jeunes filles aient ainsi défilé, le torse nu. Un texte nous apprend que les *scaphéphores*[1], choisis parmi les riches métèques pour porter les plateaux sacrés, avaient des tuniques écarlates; mais, sur la frise, ils ne sont vêtus que de l'himation. Même dans la série des innombrables stèles funéraires, les hommes conservant la tunique sous le manteau sont des plus rares. Parmi les figures de ronde bosse, pour n'en citer qu'une entre beaucoup d'autres, que dire de la statue de Démosthènes? Est-il possible que l'orateur, parlant sur la tribune du Pnyx ou devant les juges athéniens, se soit montré vêtu du seul manteau[2], dans le costume expressif, mais un peu simple, que lui a prêté le sculpteur?

L'image de l'un de ces délégués a déjà été reproduite dans notre *Introduction*[3]. Nous la donnons de nouveau (Fig. 46) comme exemple, pour faire pendant à la pose sur nature (Fig. 47). L'ajustement est très étudié : le manteau laisse à nu l'épaule droite, le bras droit et toute la poitrine; serré ensuite autour de la taille par un repli qui forme une large ceinture, il est maintenu par la pression du bras gauche auquel il s'enroule et qu'il enveloppe d'une sorte de fausse manche.

Il faut admettre que la pauvreté dans les classes

---

[1] PHOTIUS, à ce mot.

[2] Voir plus haut la Figure 19 de notre *Introduction*.

[3] Voir plus haut la Figure 16.

populaires, et aussi la prétention à une vie simple et à plus d'endurance chez certaines catégories de personnes avaient déterminé l'usage du manteau porté seul. A Lacédémone, les Spartiates donnaient ainsi à toute la Grèce un exemple de virilité : « Ils ne « portaient pas la tu-« nique et devaient se « contenter durant « l'année entière d'un « seul et même man-« teau [1] ».

Fig 46. — LE MANTEAU DRAPÉ PORTÉ SEUL, sur la frise du Parthénon.

C'était pour eux une constante préparation aux rigueurs de la vie militaire et une règle imposée par les lois de Lycurgue. Les enfants dès l'âge de douze ans subissaient cette législation du costume.

Le roi Agésilas continua de l'observer jusque dans sa vieillesse : « Déjà vieux, « il sortait souvent les pieds nus et sans tunique, en-

[1] Διετέλουν δὲ ἄνευ χιτῶνος, ἕν ἱμάτιον εἰς τὸν ἐνιαυτὸν λαμβάνοντες.
PLUTARQUE, *Instituta laconica*, 5.

Fig. 47. — LE MANTEAU DRAPÉ, PORTÉ SEUL.
Pose du modèle vivant.

« veloppé dans le seul tribon, et cela dès le matin et
« en plein hiver. »

Aristote, philosophe de grand sens et de haute raison,
trouvait dans cette austérité du costume spartiate une
part d'affectation et, comme nous dirions, de charla-
tanisme; c'était de la vanité retournée. Sa critique
doit viser du même coup quelques chefs des sectes
philosophiques, comme le fondateur de l'école Cynique,
l'athénien Antisthènes qui, lui aussi, « ne se servait que
du tribon comme seul vêtement ». Encore ce tribon
était-il fort délabré, si l'on en croit Socrate qui admo-
nestait son disciple en lui disant : « J'aperçois ton orgueil
par les trous de ton manteau. »

Cependant Socrate lui-même ne portait que le seul
himation. Le rhéteur Antiphon, qui vivait largement
des honoraires prélevés sur ses disciples, lui reprochait
avec acrimonie cette tenue plus que modeste, cet acte de
désintéressement qui gâtait le métier. « Tu t'enveloppes
d'un himation non seulement de vile étoffe, mais qui,
de plus, est le même en hiver et en été. Tu vis les pieds
nus et sans tunique[1] ». Socrate n'était pas un prétentieux.
Nous avons vu ce qu'il pensait de l'ascétisme affecté
d'Antisthènes. S'il portait seulement l'himation, c'est
qu'il était pauvre et que son goût naturel pour la
simplicité s'accomodait facilement d'une vie conforme
à sa condition.

D'ailleurs, en l'absence de la tunique, le manteau,
par la manière dont on le drapait, se prêtait parfaitement
à couvrir le corps tout entier. Nous le voyons par
l'exemple d'un autre philosophe, Cléanthès, l'un des

---

[1] Ἱμάτιον ἠμφίεσαι οὐ μόνον φαῦλον, ἀλλὰ τὸ αὐτὸ θέρους καὶ χειμῶνος,
ἀνυπόδητός τε καὶ ἀχίτων διατελεῖς. XÉNOPHON, *Mémorables*, 1, 6.

promoteurs de l'école stoïcienne. Il ne portait que le manteau ; mais il n'y mettait aucune ostentation. Un jour, le vent soufflant en rafale révéla seul à ses disciples l'absence de la tunique.

Ces manifestations d'austérité dans le costume se continuèrent jusque pendant l'époque romaine ; mais il s'en faut que, le plus souvent, elles fussent vues d'un bon œil, même parmi les populations grecques. On en possède la preuve, au premier siècle de notre ère, par une curieuse protestation de Dion Chrysostome, charmant écrivain, autant que philosophe sincère et courageux. Il y a là comme un tableau de genre, qui nous fait assister aux scènes de la rue, dans un centre populeux où la vie héllénique était encore florissante, comme Brousse, l'ancienne Prusias, patrie de l'auteur. C'est une page des plus instructives pour notre sujet et je me reprocherais d'en rien omettre :

« Comment se fait-il que les gens, s'ils aperçoivent
« quelqu'un vêtu de la seule tunique, n'y fassent même
« pas attention et n'aient aucune idée de se moquer de
« lui? Ils se disent : « C'est peut-être un matelot », et il
« n'y. a là rien qui prête à rire. De même, s'ils voient
« un homme en habit de laboureur ou de berger, avec
« l'exomide ou la peau de mouton attachées par une
« agrafe..., ils ne s'en fâchent pas et ne songent pas à
« faire eux-mêmes la police, pensant qu'un tel costume
« convient au travail de chacun. En voyant tout autour
« d'eux des petits marchands devant leurs échoppes, la
« tunique haut retroussée, ils ne s'en étonnent pas davan-
« tage ; ils riraient plutôt de ne pas les voir ainsi accoutrés,
« parce qu'ils considèrent cette tenue comme appropriée
« au métier que ceux-ci exercent. Au contraire, s'ils
« rencontrent quelqu'un ne portant pas de tunique sous

« son manteau, avec la barbe et les cheveux longs, ils
« sont incapables de garder leur sang-froid et de passer
« sans rien dire : ils s'arrêtent, ils l'interpellent par des
« moqueries ou des injures ; parfois même ils le tirent et
« lui mettent les mains dessus, quand ils voient que ce
« n'est pas un homme très robuste ou qu'il n'y a personne
« pour venir à son aide ; et, tout cela, sachant bien que ce
« costume est la tenue habituelle de ceux que l'on
« appelle philosophes et qu'il leur est en quelque sorte
« consacré... Car le costume que porte chacun de nous
« n'est autre que celui de Socrate et de Diogène.....

« Et pourtant, rien qu'en nous faisant voir, comme
« les chouettes nous attroupons toute une foule autour
« de nous[1]. »

Ainsi, dès l'antiquité païenne, le sage épris de vie
simple, en se singularisant par un costume à part, surtout si l'on y croyait voir quelque prétention à plus de
vertu que les autres, s'attirait l'animosité de la foule.
C'était un peu comme chez nous, à certaines heures
d'intolérance et de scepticisme intransigeant, l'habit du
prêtre ou du moine. Il n'y manque même pas l'idée de
l'oiseau de nuit, qui, dès qu'il se montre, provoque
l'hostilité des autres oiseaux.

---

[1] Dion Chrysostome, Περὶ σχήματος.

B. — MANIÈRE DE DRAPER LE MANTEAU GREC

J'ai eu l'heureuse chance de rencontrer à l'Exposition Universelle de 1867, pour reproduire aussi bien que possible l'himation, une étoffe d'une qualité exceptionnelle. C'est un manteau abyssin, dont le tissu très fin a la sou-

Fig. 48. — PÉNÉLOPE A SON MÉTIER.
D'après une peinture de vase.

plesse soyeuse et la blancheur tempérée de la plus belle laine. Une bande de couleur, qui la décore, compte cinq filets alternants, rouges, jaunes et verts. L'effet d'ensemble est à la fois brillant et simple. Les plis, dont l'*œil* est arrondi, comme dans les draperies antiques, se modèlent et se ramifient naturellement, sans aucune raideur. Ces manteaux des chefs abyssins étant beaucoup plus longs que larges, il a fallu, pour obtenir les dimensions voulues, couper la pièce par le milieu et réunir les deux moitiés par une couture, aussi peu visible que possible, en raccordant les deux bandes, qui n'en forment plus qu'une seule, sur l'un des bords. Le rectangle ainsi formé mesure 1 m. 80 de large sur 2 m. 90 de long, proportions convenables pour un homme de taille moyenne; disons même 2 m. sur 3, en chiffres ronds. L'étoffe est si bien appropriée au costume grec qu'on la verra reparaître au cours de nos essais, dans plusieurs autres ajustements, même féminins.

Le métier à tisser, que les Grecs dressaient verticalement, pouvait-il donner une pareille largeur? Le fait est démontré, sur un vase peint, dans la scène où Pénélope est surprise par le prétendant Antinoos, au moment où elle défait l'ouvrage de la journée[1]. Or, elle prétendait préparer un drap funéraire de grande dimension, pour le vieux Laerte[2].

Si l'on compare les dimensions de l'étoffe sur le métier, dans le sens de la trame, avec les proportions de l'homme placé devant (Fig. 48), on voit très bien qu'il pourrait s'en faire un manteau qui l'envelopperait tout entier. La chaîne, enroulée dans le haut, est indiquée nettement par les petits poids (agnithês)[3] suspendus au bout des fils; mais, dans le tissage, la longueur ne fait aucune difficulté.

Pour se draper dans l'himation, c'est-à-dire pour adapter au corps humain cette sorte de châle, qui n'a d'avance aucun rapport avec la forme humaine, on commençait par prendre, des deux mains, l'un des bords latéraux, vers le milieu de sa longueur; puis on s'en couvrait le dos et les épaules, en laissant retomber par

---

[1] *Monumenti dell' Instituto*, IX, pl. XLII. DE RONCHAUD, *Tapisserie dans l'antiquité*, p. 55.

[2] Στησαμένη μέγαν ἱστὸν ἐνὶ μεγάροισιν ὕφαινεν ‖ Λεπτὸν καὶ περίμετρον HOMÈRE, *Odyssée*, II, v. 85 et suiv.

[3] Ἄγνυθες.

LE MANTEAU GREC A L'ÉPOQUE ARCHAÏQUE
Vase du Musée du Louvre.

devant les deux pointes déterminées par les angles de la draperie (voir notre hors texte, pl. II, en couleurs, d'après Perrot, *Histoire de l'Art,* IX, p. 292, pl. XVI ; œnochoé à figure noire du Musée du Louvre, Hermès

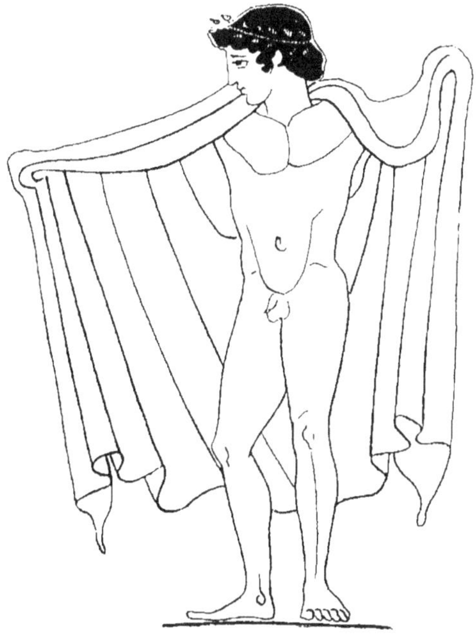

Fig. 49. — LE MANTEAU MIS D'ABORD SUR LES ÉPAULES.
D'après une peinture de vase.

portant un bélier). On obtenait ainsi tout de suite l'égalité des parties et la juste disposition de l'ensemble.

Maintenant, pour couvrir entièrement le devant du corps, la main droite prenait le pan du manteau et le bras droit, étendu, s'apprêtait à le faire passer sur le bras gauche, déjà replié pour le recevoir, ou sur l'épaule gauche, d'où il retombait en pointe dans le dos. C'est

l'exemple que nous donne une peinture de vase (Fig. 49),
représentant un éphèbe dans cette première attitude [1].

Fig. 50. — LE MANTEAU PLACÉ
SUR LES DEUX ÉPAULES.
D'après un vase peint.

Notre second exemple (Fig. 50), peint de profil sur une coupe du Musée du Louvre [2], nous montre les pans de l'himation couvrant déjà en partie le corps.

Dans le troisième exemple (Fig. 51), le manteau est une légère khlanide, avec bandes de couleur [3]. L'ampleur moindre du vêtement a permis au peintre céramiste d'accentuer le geste de la main droite qui va rejeter cet angle sur l'épaule opposée. C'était ce que les Grecs appelaient se draper *épi dexia* [4], c'est-à-dire à *droite, de la main droite*, expression qu'il faut se garder de traduire *vers la droite*, ce qui demanderait l'accusatif *(épi dexian)* et produirait un mouvement tout contraire, car la direction normale était de droite à gauche. Il s'y attachait

---

[1] GERHARD, ouvrage cité, IV, pl. 283, n° 5. S. REINACH, *Répertoire*, II p. 140, n° 5.

[2] Salle G 456; *Cataloghi Campana* IV-VII, n° 706; POTTIER, Album III des *Vases antiques du Louvre*, G 456, pl. 148.

[3] GERHARD, ouvrage cité, IV, pl. 290, fig. 1.

[4] Ἐπὶ δεξίᾳ.

même une idée de bon augure. La comédie raillait les gens qui se drapaient de la main gauche *(ép' aristéra)*, suivant une mode adoptée, paraît-il, chez les Thraces.

Très souvent aussi, l'himation, rejeté sur l'épaule gauche, laissait à découvert l'épaule droite et le bras droit, comme le montre une stèle funéraire de Smyrne (Fig. 52)[1]. Cependant l'ajustement sur les deux épaules répondait à un sentiment naturel de bienséance qui l'imposa longtemps aux orateurs grecs, parlant en public. A l'époque de Périclès et jusqu'au temps de Démosthènes, ils contenaient même le bras droit dans les plis de l'himation et n'en faisaient sortir que la main droite, pour souligner leurs

Fig. 51. — LE MANTEAU PRÊT A ÊTRE REJETÉ SUR L'ÉPAULE GAUCHE. D'après un vase peint.

paroles par des gestes modérés. Nous possédons sur ce sujet un passage de l'orateur Eschine, que je me reprocherais de ne pas citer en entier. Le rival de Démosthènes, plaidant devant les juges d'un tribunal athénien et cherchant à détruire l'impression qu'avait produite, par ses effets oratoires, l'avocat de la partie adverse, un certain Timarchos, continue en ces termes :

---

[1] COLLIGNON, *Statues funéraires*, p. 285, Fig. 178.

« Ils étaient si réservés, ces anciens orateurs, comme
« Périclès, Thémistocle, Aristide... que l'habitude que
« nous avons tous aujourd'hui de parler avec le bras
« hors du manteau[1], ils la regardaient comme une impu-
« dence et se faisaient un devoir de l'éviter. Je vous en
« donnerai une preuve irrécusable et toute matérielle.
« Je sais que vous avez tous fait la traversée de Salamine
« et que vous avez contemplé la statue de Solon ; vous
« témoigneriez donc au besoin vous-mêmes que cette
« statue, qui se dresse sur la place des Salaminiens, *a le*
« *bras contenu dans son manteau*[2]. C'est un souvenir et
« une imitation, ô Athéniens, de l'attitude de Solon et
« de son maintien, quand il parlait devant le peuple.
« Ainsi nos ancêtres rougissaient de *parler avec le bras*
« *dehors*, tandis que ce Timarchos que vous voyez
« devant vous, pas plus tard qu'hier, ayant jeté son
« manteau, se démenait comme un *pugiliste*, au milieu
« de l'Assemblée ! »

La position du manteau sur les deux épaules produit
un jeu de draperies très mouvementé. On peut en juger
par quelques statues, où les artistes se sont efforcés de
conserver la tenue des anciens orateurs. Telle est, par
exemple, la prétendue statue de Sophocle (Fig. 53) dont
nous empruntons encore la gravure à notre *Introduction ;*
l'habileté consommée avec laquelle le sculpteur a disposé l'himation semble presque impossible à retrouver
sur la nature et pourtant le modèle, en prenant pour
point de départ la statue, arrive d'un seul jet à la recons-
tituer avec une approximation suffisante (Fig. 54). Il peut

---

[1] Τὴν χεῖρα ἔξω ἔχοντες. ESCHINE, Contre TIMARCHOS, 25.

[2] Ἐντὸς τὴν χεῖρα ἔχων. *Ibid.* 26.

même avec un léger changement d'attitude, faire de la main droite un geste plus animé (Fig. 56) ; la draperie accentue aussitôt le mouvement et l'expression. Le dessin que nous avons placé en regard (Fig. 55) nous montre un simple terme de comparaison : la silhouette, très vivante, d'un éphèbe qui marche à grands pas, en faisant le même geste de sa main droite, sortie du manteau. Cet exemple a surtout pour nous l'intérêt de faire voir l'himation couvrant le dos et le côté droit du personnage.

L'himation pouvait même, au besoin, se draper jusqu'au menton, de manière à couvrir tout à fait les bras et les mains. Nous en avons donné dans l'*Introduction* un exemple, auquel il suffit de renvoyer [1]. La coutume de se voiler la tête avec le manteau ne semble pas avoir persisté, après l'époque d'Homère. Je n'en trouve du moins la représentation que dans une

Fig. 52.
LE MANTEAU DRAPÉ EN ÉCHARPE.
D'après une stèle funéraire.

[1] Voir plus haut, Figure 15, p. 25.

scène homérique où l'on voit Achille, après la mort de son ami Patrocle, recevant le vieux Priam[1] et lui accordant d'emporter à Troie la dépouille mortelle d'Hector (Fig. 57).

Une autre mode, assez malaisée à comprendre, c'est l'usage qu'adoptèrent certains philosophes, notamment ceux de l'école cynique, de « doubler », leur manteau. Antisthènes, outre qu'il ne portait pas de tunique, « fut le premier à doubler son *tribon*, afin de s'en servir, la nuit, comme de couverture ». Le *tribon* de ces philosophes était assez court et, dans leur affectation d'austérité, ils s'interdisaient de le porter plus long. Dès qu'ils cherchèrent à l'utiliser aussi pour s'envelopper dans les nuits d'hiver, il devint nécessaire d'en augmenter la longueur. L'expédient de le plier en double leur permit de le porter, sans modi-

Fig. 53. — LE BRAS DROIT TENU DANS LE MANTEAU.
D'après une statue.

---

[1] OVERBECK, *Heroische Gallerie*, pl. XX, n° 2.

Fig. 54. — LE BRAS DROIT TENU DANS LE MANTEAU.
Pose du modèle vivant.

fication apparente de ses dimensions ; aux yeux du public, les apparences étaient sauvées. A vrai dire,

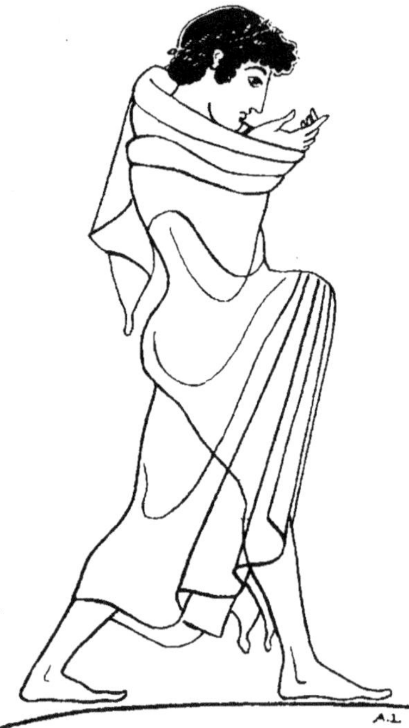

une pièce de grosse laine, ainsi doublée, ne drapait pas normalement et l'effet devait en être assez pauvre ; mais l'esthétique laissait indifférents ces ascètes de l'antiquité et ce n'était pas parmi eux que les artistes cherchaient des modèles.

Toutefois, il serait exagéré de prétendre que ce châle, fait pour rester libre de toute attache, n'était jamais agrafé. Des circonstances exceptionnelles pouvaient se présenter qui rendaient indispensables de l'attacher.

Fig 55. — LA MAIN DROITE SORTANT DU MANTEAU.
D'après une peinture de vase.

L'orateur Lycurgue, décrivant l'attitude de la population athénienne, au moment où l'armée macédonienne marchait sur Athènes, esquisse un vivant tableau d'où je tire le détail suivant : « On voyait, dit-il, les hommes que leur âge et « leur faiblesse physique auraient dispensés légalement « du service militaire, se montrer dans toute la ville,

Fig. 56. — La main droite sortant du manteau.
Pose du modèle vivant.

« malgré la fatigue, malgré l'approche de la vieillesse,
« avec l'himation plié en double et fixé au corps par
« une fibule[1] ».

Ainsi, le manteau civil devenait, au besoin, un manteau de guerre et remplaçait la chlamyde.

C. — HISTOIRE D'UN MANTEAU DRAPÉ

Le lecteur assidu des auteurs anciens rencontre parfois, en parcourant leurs écrits, de piquantes anecdotes, où l'histoire du costume antique s'associe aux événements généraux et les fait revivre sous nos yeux, avec une singulière intensité de couleur. Les historiens conteurs comme Hérodote ne manquent pas de s'y arrêter et c'est à Hérodote que nous devons celle que nous allons reproduire.

Le monde antique était arrivé, comme on dit aujourd'hui, à l'un des grands tournants de l'histoire. Les Perses, s'appuyant sur une puissance militaire jusque là sans contrepoids, avaient supprimé un à un tous les états autonomes de l'Asie antérieure, subjugué les cités grecques de la côte égéenne et les grandes villes maritimes de la Phénicie : c'était l'impérialisme d'alors qui, maintenant, avec Cambyse, successeur de Cyrus, venait de s'étendre jusque sur le continent africain pour la conquête de la vieille Égypte. Le Grand Roi, entouré de sa garde, avait établi son quartier général à Memphis; l'ancienne capitale des Pharaons était remplie par le mouvement des soldats.

---

[1] Διπλᾶ τὰ ἱμάτια ἐμπεπορπημένους. LYCURGUE, Contre LÉOGRATÈS, 41, éd. DIDOT, *Oratores attici*, vol. II, p. 8.

Parmi les fils des grandes familles de l'Iran, de ceux qui, comme doryphores, formaient l'escorte des souverains, se trouvait un jeune seigneur de la noble race des

Fig 57. — LE MANTEAU DRAPÉ EN VOILE SUR LA TÊTE.
D'après une peinture de vase.

Achéménides, Darius, fils d'Hystaspe, sans que personne pût prévoir alors l'extraordinaire fortune qui devait en faire plus tard le successeur de son maître.

En même temps, un Grec de marque, originaire des îles de la mer Egée encore indépendantes, Syloson, frère du célébre tyran de Samos, Polycrate, qui l'avait exilé, se trouvait aussi à Memphis. Les Grecs, surtout les Ioniens, venaient volontiers dans la Basse Égypte, où l'amitié des Pharaons leur avait permis de faire le commerce. A Memphis, Syloson, en bon Ionien, fréquentait l'agora, non pas, comme dans les villes grecques, l'agora politique, la place des délibérations, ignorée des Egyptiens autant que des Perses, mais la place du marché, le *bazar*, le lieu de la ville où tout le monde se rencontrait, où se traitaient les affaires et se nouaient les intrigues.

L'agora de Memphis, dans un pareil moment, devait offrir aux regards une cohue étrangement bigarrée : vainqueurs arrogants, Égyptiens à la face inquiète, trafiquants de toute nationalité venus à la remorque des troupes victorieuses, auxiliaires promenant les costumes de toutes les races de l'Asie antérieure. Syloson y attirait l'attention par son élégance, drapé dans un fin manteau ou *khlanide* de couleur rousse[1], c'est-à-dire d'un brun rouge, nuance peu voyante, à ce qu'il semble, mais sans doute rare et nouvelle.

Ce qui n'est pas douteux, c'est que Darius remarqua l'homme et s'éprit de son vêtement, avec une vivacité de désir bien orientale. Les jeunes nobles de race iranienne, qui naguère se vantaient de manger leur pain avec du cresson et de ne savoir que trois choses, monter à cheval, tirer de l'arc et dire la vérité, s'étaient vite transformés, par la conquête de tant de contrées riches et industrieuses. Ils avaient beaucoup appris. Ils n'ignoraient ni les beaux tissus babyloniens, ni la pourpre tyrienne et ses reflets, ni la légèreté des lins d'Égypte ni la souplesse des laines de Milet. Les briques poly-

---

[1] Λαβὼν χλανίδα καὶ περιβαλλόμενος πυρρήν. HÉRODOTE, III, 139.

chromes, rapportées de Suse par la Mission Dieulafoy, nous ont fait connaître les somptueux habits de ces doryphores dans leur tenue de cour[1].

Bref, Darius proposa à Syloson de lui acheter sa khlanide; mais le Grec avisé, pensant qu'il vaut mieux donner à qui peut prendre, la lui offrit en cadeau. Il devint par là son bon ami et, plus tard, quand une série d'événements inattendus eut fait monter le fils d'Hystaspe sur le trône de Cambyse, le nouveau roi n'oublia pas le rusé Ionien qui se recommandait à lui; il le fit gouverneur de l'île même de Samos.

L'heureuse fortune de Syloson contraste singulièrement avec la fin tragique de son frère Polycrate, l'ami des arts et des banquets, qui soupait avec Anacréon et qui fut longtemps si fier d'avoir à son doigt la belle bague dont le sculpteur Samien Théodoros avait gravé l'émeraude. Mais, politique indolent, inventeur de la formule : « A demain les affaires sérieuses », il avait trouvé la mort, quelques années auparavant, pour n'avoir pas su prévenir l'attaque de la flotte phénicienne au service de la Perse.

D. — COULEUR DES MANTEAUX GRECS

Laissant à d'autres le soin de tirer la morale de cette histoire, je reste seulement un peu sceptique et incertain sur le brun-rouge, cause d'un si vif engouement. D'après les auteurs, la pourpre était surtout un mordant qui produisait des tons assez variés, depuis le rouge sang-de-bœuf, avec reflets verts, jusqu'au violet améthyste[2].

---

[1] DIEULAFOY, *L'Acropole de Suse*, pl. 5. 6, 7.
[2] PLINE, *Histoire Naturelle*, IX, 60-65.

Il y avait aussi, pour les vêtements, une étoffe de pourpre mélangée *(porphuromighès)*, que nous considérons, à tort peut-être, comme une pourpre économique, une pourpre à meilleur marché[1]. On la préparait, dès le début, avant le filage et le tissage, en mêlant, dans une proportion voulue de teinture pourpre, une couleur foncée. Qui peut dire que l'on ne produisait pas par là une de ces nuances délicates, à tons rompus, très appréciées par le goût raffiné de l'époque? Ainsi se comprendrait mieux la grande valeur attribuée à la khlanide de Syloson.

Examinons, à ce propos, les couleurs adoptées en Grèce, pour les manteaux drapés. Nous avons déjà vu que la khlanide était souvent blanche, fabriquée avec une laine naturelle, très fine, qui pouvait se passer de toute teinture sans être pour cela moins appréciée. Les anciens font surtout l'éloge des laines de Milet, dont la beauté faisait toute la valeur. La région de Laodicée (aujourd'hui *Latakieh*), sur la côte de Syrie, possédait aussi une laine naturelle renommée, mais d'une autre couleur, d'un noir à reflets bleuâtres.

Cela n'empêchait pas que les riches teintures n'eussent leur emploi, et, au premier rang, la pourpre, la couleur royale par excellence. Il fallait la grande condescendance que les Athéniens témoignaient aux fantaisies d'Alcibiade pour qu'il paradât dans les cérémonies publiques, revêtu d'une *porphyride*[2], qui rappelait au peuple la dénomination du vêtement des anciens rois. Il y avait aussi d'autres couleurs à la mode : on portait des *batrakhides*[3],

---

[1] POLLUX, VII, 48.

[2] Πομπεύων ἐν πορφυρίδι. ATHÉNÉE, XII, 47.

[3] HÉSYCHIUS, à ce mot : Βατραχὶς ἱματίου εἶδος (de βάτραχος, grenouille).

Fig. 58. — Cavalier couvert d'un manteau bariolé.
D'après une peinture de vase.

des manteaux vert-grenouille. Alexandre le Grand avait un goût très vif pour la couleur *vert jus*, appelée *omphakinon*[1] par les Grecs, tout cela sans compter la khlanide rousse de Syloson.

Le tribon, pour la couleur, est l'objet d'un petit problème, qui semble assez difficile à résoudre. Apollonius de Tyane, ayant visité l'Inde, y observa curieusement dans le costume des habitants, les étoffes de *byssus*, parce qu'elles lui rappelaient certains *tribons* de couleur foncée[2]. Or, le byssus est une espèce de lin. On cultivait, en Syrie, un byssus qui tirait légèrement sur le jaune; celui d'Elide avait des reflets un peu verdâtres, et les femmes de Patras en faisaient des filets pour les cheveux. Quant au byssus de l'Inde, nous n'en connaissons pas exactement la nuance. D'un autre côté, les Athéniens ayant publié un édit qui interdisait de se montrer au théâtre et dans les jeux publics avec un tribon de couleur sombre, un spectateur, inculpé de ce chef, fut acquitté, uniquement parce qu'il prouva qu'il était pauvre et ne possédait pas d'autre tribon. De ces faits, quelque peu contradictoires, que pouvons-nous conclure? Il semble que le tribon autorisé par les Athéniens, dans les représentations publiques, était, comme nous disons, d'une nuance écrue, d'une blancheur atténuée par des tons neutres; mais il y avait, de plus, les tribons tout à fait populaires, d'une couleur foncée, portés journellement par les gens du commun.

La khlanide était décorée assez souvent de bandes de couleur, qui soulignaient, tantôt le bord supérieur,

---

[1] Ὀμφάκινον, de ὄμφαξ, raisin encore vert.

[2] Ἡσθῆναι τῇ βύσσῳ φησὶν ὁ Ἀπολλώνιος, ἐπειδὴ ἔοικε φαιῷ τρίβωνι. PHILOSTRATE, *Apollonius de Tyane*, II, 19.

autour du cou et des épaules, tantôt, comme dans notre Fig. 51, les deux bords latéraux, mais encadraient beaucoup plus rarement les quatre côtés du rectangle. Les Grecs évitaient, semble-t-il, l'espèce de bariolage un peu confus, qui en résultait, lorsque le manteau était drapé. Les ornements semés dans le fond sont aussi assez rares, malgré l'exemple de notre Figure 45 et de son manteau moucheté de points espacés.

Le Musée du Louvre possède cependant une belle amphore peinte et une coupe, où l'on voit de riches ornements décorer le manteau drapé des éphèbes (Fig. 58)[1].

---

[1] *A*. Éphèbe drapé dans un riche manteau et assistant à un concours de musique.

Amphore signée d'ANDOKIDÈS, Louvre, salle G, n⁰ 1 ; voir POTTIER, *Catalogue des vases du Louvre*, p. 880; *Vases ant. du Louvre*, p. 135. HOPPIN, *Handbook of attic red-figured Vases*, I, p. 40 et 41 (avec figures), donne la bibliographie complète.

B. Coupe attique, cavalier couvert d'un long manteau bariolé (notre Fig. 58).

Publ. par COLLIGNON, *Monuments Grecs* II, pl. 5, salle G, n⁰ 108 Voir POTTIER, *Catalogue des Vases du Louvre*, p. 947; *Vases antiques du Louvre*, pl. 106. HOPPIN, *Handbook o]attic red-figured Vases*, II, p. 346, donne la bibliographie complète.

IV

LA CHLAMYDE GRECQUE

A côté du manteau civil, représenté chez les Grecs par l'*himation*, la *chlamyde* était leur manteau militaire. Son nom (en grec, *khlamys*), dérivé de la même racine que celui de la *khlène* homérique, désignait également un tissu de laine épais et chaud.

C'était surtout le vêtement des cavaliers et aussi des éphèbes qui se préparaient à porter les armes. Pour cette raison, elle était devenue l'attribut du dieu Hermès, le Mercure grec, patron des gymnases et de la gymnastique.

La chlamyde était par excellence un vêtement agrafé. Aussi, lorsque Praxitèle, dans la célèbre statue retrouvée à Olympie, a voulu représenter Hermès complètement nu, n'a-t-il pas manqué de placer près de lui sa chlamyde, jetée sur un tronc d'arbre. Pour la distinguer même de l'himation ou de toute autre sorte de manteau, il en a montré ostensiblement les bords supérieurs encore attachés par la fibule qui les réunit. Il faut en conclure que le dieu a ôté sa chlamyde sans la dégrafer et généraliser au besoin cette observation. Il est vraisemblable que les anciens, pour éviter une perte de temps ou le désagrément d'une opération minutieuse, ne s'astreignaient pas à défaire et à remettre les fibules, chaque fois qu'ils se dépouillaient de leurs vêtements agrafés.

Les héros de l'épopée combattaient à pied ou en char; ils ne montaient pas à cheval, et la cavalerie n'existait pas encore. Plus tard, lorsque le cheval commença à servir de monture pour le combat et que certaines tribus helléniques, comme les Thessaliens, devinrent des peuples cavaliers, la *khlène* embarrassant trop les jambes et tombant trop bas pour un pareil usage, on fabriqua une pièce d'étoffe moins large, sans diminuer pourtant l'ancienne longueur, et l'on en fit la *chlamyde*, en continuant de l'agrafer pour assurer la solidité de l'ajustement.

Nous sommes avertis par les auteurs[1] que la fabrication de la chlamyde n'était pas seulement une affaire de tissage, mais aussi et tout d'abord de filage. On préparait pour la tisser un fil d'une qualité à part, sans doute plus fort et plus tordu, afin de donner à l'étoffe une certaine rigidité, qui était, comme nous le verrons, un des caractères de ce manteau et qui le rendait plus difficilement pénétrable aux traits. De même, nous savons que d'autres vêtements, l'*exomide*, par exemple, et la *khlanide*, devaient leurs qualités très différentes à la préparation des fils dont ils étaient faits.

Dans tout ce qui nous est dit de la chlamyde grecque, il n'est question d'ailleurs ni de forme, ni de coupe, ce qui suffirait à indiquer que c'était toujours une sorte de châle ou de plaid, conservant la disposition rectangulaire du métier, mais avec des proportions spéciales et grâce à un mode d'ajustement qui lui donnait son véritable aspect, ce que l'on pourrait appeler sa forme seconde. Les documents figurés viennent ici compléter les documents écrits et ne laissent aucun doute à cet égard.

---

[1] POLLUX, *Onomasticum*, VII, 34.

Pour caractériser la chlamyde, il ne suffit pas de dire qu'elle se fermait à l'aide d'une fibule, il faut ajouter qu'elle était agrafée autour du cou, de manière à pouvoir couvrir les deux épaules. Lorsque ses dimensions étaient médiocres, son peu de largeur obligeait de l'agrafer par ses angles supérieurs ou tout près de ces deux angles. L'étoffe descendait ainsi presque carrément autour du corps et, les deux autres angles n'ayant sur le devant qu'une faible inclinaison, l'effet général restait assez pauvre. Si l'ampleur relative de l'étoffe permettait, au contraire, au bord supérieur de dépasser largement les points d'attache, les parties excédentes retombaient des deux parts en deux chutes étagées d'un aspect très original.

Pour désigner les deux extrémités flottantes de la chlamyde, on disait poétiquement « les ailes thessaliennes », et cette expression a fait croire que les Thessaliens rapportaient aux deux côtés du rectangle des

Fig. 59. — JEUNE HOMME PORTANT LA CHLAMYDE SUR LA TUNIQUE.

Stèle funéraire thessalienne.

pièces triangulaires qui leur donnaient une direction oblique et une forme plus aiguë. Les essais sur le modèle démontrent que cette addition nuirait plutôt à l'effet du vêtement. Tout au plus, les cavaliers thessaliens exagéraient-ils la dimension en longueur de la pièce d'étoffe; mais cela même n'était pas nécessaire. Il est utile de placer sous les yeux du lecteur une élégante stèle funéraire du musée d'Athènes, trouvée justement en Thessalie et représentant un jeune homme qui porte la chlamyde sur la tunique (Fig. 59). Le contour, tracé avec une simplicité un peu schématique, est d'une netteté parfaite et ne laisse voir aucune différence appréciable de construction avec les autres chlamydes figurées sur les monuments grecs.

Cette œuvre charmante, que M. Fougères a le premier fait connaître[1], procède d'une école qui a fleuri particulièrement en Thessalie, peut-être sous l'influence du sculpteur Téléphanès de Phocée, et qui justement a employé, dans le traitement des draperies, un système de simplicité et de clarté tout-à-fait en réaction contre l'élégance maniérée de l'archaïsme ionien. La tête, couverte d'un chapeau à bords plats, complète le caractère local du costume en rappelant la fameuse coiffure thessalienne[2]. La balle tenue à la main et le petit lièvre font penser aux amusements des éphèbes athéniens; mais les Thessaliens, de leur côté, passaient pour être « grands amis des jeux » *(philopægmonês)*. On peut le constater sur les monnaies de leur ville de Kiérion, dont le revers porte la figure d'une joueuse d'osselets, et

---

[1] *Bulletin de correspondance hellénique*, XII, 1888, pl. 6.

[2] Sophocle, *Œdipe à Colone*, v. 313, 314.

par la légende de la nymphe Larissa, se noyant en jouant
à la balle sur les bords du Pénée.

Pour en revenir à la chlamyde, il est de fait que, dans
le mouvement des exercices équestres, ce manteau relativement court, mais avec des côtés débordants, s'enflait et s'enlevait au vent derrière le dos du cavalier. Les
artistes n'ont pas manqué d'observer ces envolées de la chlamyde
et ces courbes gracieuses qui donnent en
même temps l'impression d'une course rapide. A côté des nombreux exemples fournis par la frise du
Parthénon, voici un
petit bas-relief, celui-ci
d'une origine thessalienne incontestable,
puisque je l'ai rapporté moi-même autre

Fig. 60. — CAVALIER THESSALIEN.
Bas-relief provenant de Pélinna.

fois de Pélinna en Thessalie (Fig. 60). Il est de bonne
époque hellénique, et, malgré la forme fantaisiste, mais
non sans exemple, du casque[1], il est difficile de ne pas y
reconnaître un cavalier du pays, dont la chlamyde s'enlève au galop de son cheval. C'était là, je crois, ce que
l'imagination populaire ou la fantaisie de quelque poète
avait surnommé les « ailes thessaliennes ».

---

[1] Ce casque, qui reproduit la forme d'un bonnet de feutre replié par le
haut, se retrouve sur l'un des plus beaux monuments funéraires d'Athènes,
celui d'ARISTONAUTÈS (COLLIGNON, *Statues funéraires*, Fig. 82, 83).

Quand j'ai voulu réaliser sur le modèle vivant l'ajustement de la chlamyde, je n'ai pas eu à rechercher en dehors de la collection d'étoffes orientales que j'avais formée pour mon cours. Une pièce rectangulaire, d'un rouge sombre, tissée à part et d'un seul tenant, m'a donné facilement toutes les dispositions voulues pour le manteau militaire des Grecs. D'un tissu assez maniable, mais un peu lourd, produisant de lui-même des plans très simples et de larges plis, cette pièce, fabriquée au métier par quelque femme grecque ou turque de l'Asie-Mineure, nous fournit aussi, par ses dimensions de 1 m. 40 de large dans le sens de la trame, sur une longueur de 2 m. 30 dans le sens de la chaîne, un véritable type de la chlamyde.

La couleur rouge brun fait penser à celle que les Grecs appelaient *porphuromighès*, c'est-à-dire *mélangée de pourpre*. Il s'agissait d'un tissu de laine foncée que l'on teignait après coup avec de la pourpre et qui servait souvent pour les chlamydes[1].

Nous reproduisons ici en couleurs, dans notre hors texte pl. III, l'esquisse peinte par l'un des élèves de mon cours à l'École des Beaux-Arts, Lucien Mélingue, en 1877. Ce croquis, rapidement brossé, pendant que le professeur drapait le modèle et commentait l'ajustement, n'en présente pas moins un ensemble parfaitement conforme aux figures antiques.

Voici quelles sont les phases successives de l'ajustement. Après que la chlamyde, dans sa dimension la plus longue, a été posée sur les épaules, les deux mains ramènent le bord supérieur sur le devant de la poitrine et l'assemblent en plusieurs plis, de manière à former, sous

---

[1] *Khlamys porphuromighès;* POLLUX, *Onomasticum*, VII, 48.

LA CHLAMYDE GRECQUE
Sur le modèle vivant.

la morsure de la fibule, un large collet, d'où la tête et le
cou se dégagent librement. Il y faut un doigté qui,
pour une grande part, donne au vêtement son vrai
caractère.

Dans les figures de cavaliers, sur la frise du Parthénon,
par exemple, la fibule ainsi placée et avec elle la grande
ouverture du manteau qu'elle commande, restent sur le
devant du corps, à cause de la tension symétrique des
deux bras vers la bride du cheval. L'agrafe se présente
encore ainsi dans l'ajustement du guerrier debout,
reproduit par notre Figure 63, d'après un vase peint.

Telle n'est pas cependant la position la plus ordinaire
de la chlamyde sur les nombreuses figures d'éphèbes,
de guerriers, de héros qui en sont vêtus. Pour peu que le
mouvement s'accentue et que le bras droit reprenne son
activité dominante, le manteau pivote sur lui-même, et
la fibule vient se placer un peu au-dessous de l'épaule
droite, accusant la direction de l'effort, suivant le principe même du costume drapé des anciens. Ce mouvement
en quelque sorte automatique de la chlamyde est un fait
que j'ai observé bien des fois sur la nature, en changeant
la pose du modèle.

Du même côté droit, l'angle supérieur forme au-dessous
de la fibule, en la dépassant de beaucoup, une chute de
draperie et comme une décoration de plis en zigzag, qui
semble y être suspendue. Du côté gauche, le plissement de
l'étoffe autour du cou et la saillie de l'épaule gauche
raccourcissent sensiblement toute cette partie; il en
résulte une obliquité marquée du bord inférieur et de
l'angle qui le termine. De là, cette disposition quasi
géométrique en pointe de triangle, qui est si originale
et qui reste dans le souvenir de tous ceux qui l'ont ob-
servée sur les monuments. On serait tenté de l'attribuer

à une coupe spéciale de l'étoffe, tandis qu'elle est due

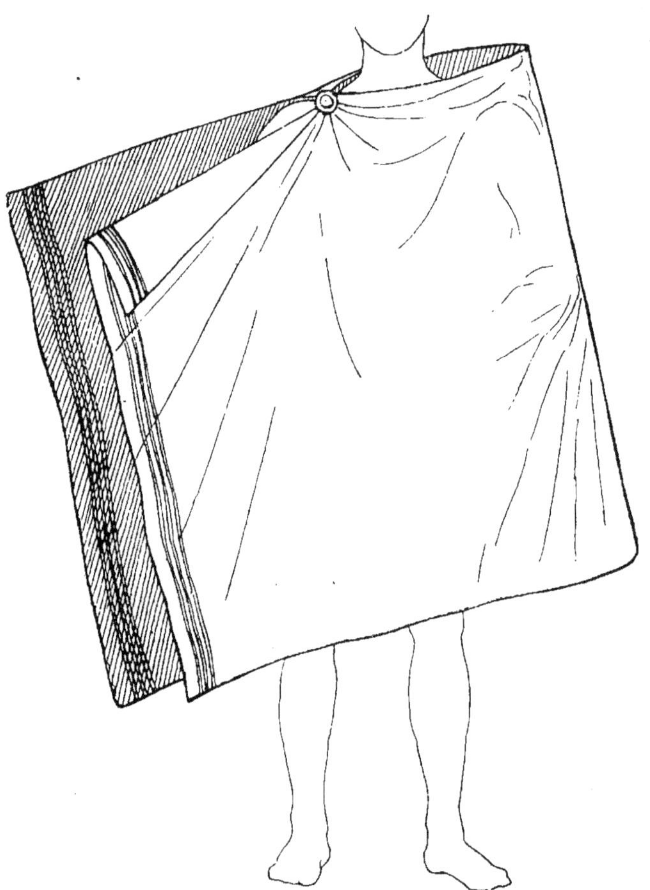

Fig. 61. — Schéma de la chlamyde,
pendant l'ajustement.

simplement à la position en biais de la pièce rectangulaire, contrastant avec les lignes horizontales de la
charpente humaine.

Si, de plus, le modèle, sans dégager son bras gauche de la draperie, vient à l'appuyer sur sa hanche, dans une fière attitude souvent reproduite par les artistes, la forme triangulaire se rap-proche du losange et l'effet de ces grandes lignes devient encore plus saisissant.

Dans le dos, la même disposition se répète, presque identique, mais un peu plus simple, avec une retombée de plis sous la fibule et une autre grande pointe en oblique, doublant symétriquement la première. Il convient seulement de donner en arrière un peu plus de longueur à l'ensemble, ce qui, même

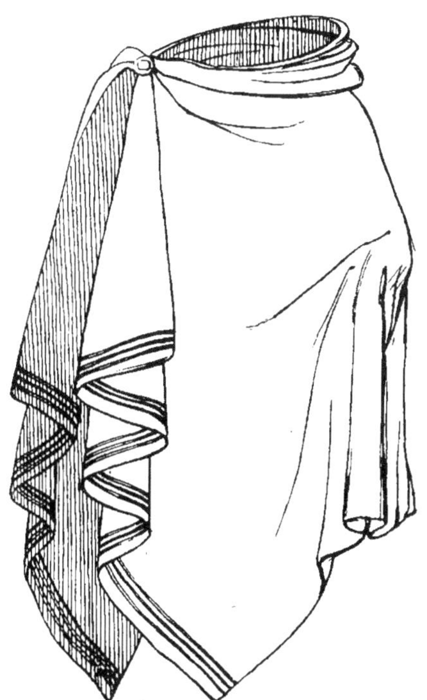

Fig. 62. — Schéma de la chlamyde, après l'ajustement.

pour les yeux, équilibre mieux l'ajustement.

Nos Figures schématiques 61 et 62 rendront plus claires pour les yeux ces dispositions, en apparence assez compliquées.

La Fig. 61 montre la chlamyde pendant l'ajustement. Elle conserve la forme rectangulaire de la pièce d'étoffe;

Fig. 63. — EXEMPLE DE LA CHLAMYDE.
D'après une peinture de vase.

mais des traits légers, esquissés dans l'intérieur du rectangle, font prévoir en quelque sorte les mouvements successifs du vêtement par le contact avec le corps humain. La Figure 62 représente, au contraire, la chlamyde après l'ajustement, quand ces modifications se sont produites.

Parmi les nombreuses figures grecques qui donnent à cette disposition sa forme d'art, celle que reproduit notre Fig. 63, d'après une peinture de vase, en est une représentation très démonstrative. On remarquera seulement que la chlamyde y est encore agrafée sur le milieu de la poitrine.

Fig. 64 — POSE DE LA CHLAMYDE.
D'après le modèle vivant.

En regard, la Figure 64 cherche sur la nature la réalisation du même ajustement, avec cette légère différence
que la fibule est déjà remontée sur l'épaule droite. La
chlamyde rouge brun, précédemment employée, a fait
place à une autre, de forme identique, mais d'une étoffe
et d'une couleur qui produisent un aspect différent.

Il ne faut pas croire, en effet, que la chlamyde fût
toujours de couleur foncée et d'un seul ton. Si les éphèbes
athéniens la portaient noire, cela tenait à la coïncidence
du jour où ils la prenaient avec un deuil légendaire et
mythologique; mais une ordonnance d'Hérode Atticus,
à l'époque impériale, finit par y substituer la couleur
blanche. Cela paraît même avoir toujours été la mode
élégante, en dehors de certains cas exceptionnels, le
blanc ayant, aux yeux des Grecs, un cachet particulier
de distinction, surtout pour les vêtements de dessus,
comme on le voit également pour l'*himation*. Les bandes
de couleur sur un pareil fond prennent aussi un plus vif
accent. Ces bandes décoratives, que les peintres de vases
détachent le plus souvent sur un fond clair, méritent
d'être étudiées avec le modèle : car elles accusent encore
davantage l'obliquité de l'ajustement.

Si l'on examine attentivement les représentations antiques, on arrive à reconnaître que, d'ordinaire, les bandes
de la chlamyde, au nombre de deux, devaient être tissées
dans le sens de la trame, sur les deux côtés les moins
larges du rectangle d'étoffe, ce qui est normal pour la
facilité du tissage. Plus rarement, il y en a une troisième,
qui court le long de la lisière inférieure, dans la plus
grande dimension du rectangle. Cette bande longitudi-
nale est nécessairement produite par un changement de
couleur opéré d'avance sur plusieurs fils de la chaîne, et

cela entraînait toujours une certaine complication dans la préparation sur le métier. Il est curieux de noter que l'on ne voit presque jamais une quatrième bande suivre de même la lisière supérieure de la chlamyde et en compléter la décoration sur les quatre côtés. Il faut croire qu'une pareille surabondance de bordures décoratives, encerclant même le cou et rendant moins net le départ des zigzags au-dessous de là fibule, déplaisait au goût des Grecs, comme excessive et encombrante.

La nouvelle étoffe utilisée sur le modèle vivant[1], pour la Figure 64, laisse parfaitement voir, sur le devant, l'une des bandes normales tissées aux deux extrémités du rectangle. Les manteaux rectangulaires dans lesquels se drapent et s'enroulent aujourd'hui les Abyssins nous ont conservé, comme pour d'autres pièces du costume antique, la survivance de ces bandes, formées dans la trame d'un tissu blanc d'aspect laineux. Elles présentent des conditions d'analogie particulières avec la décoration de la chlamyde. Nous avons pu obtenir ainsi un rectangle de 1 m. 12 sur 2 m. 16.. Les dimensions dans les deux sens sont moindres, à une vingtaine de centimètres près, que celles de l'étoffe rouge précédemment employée; mais cette diminution ne fait aucune difficulté, la chlamyde ne devant pas avoir trop d'ampleur.

La Figure 66 ne diffère de la pose précédente que par un léger changement dans l'attitude du modèle. La main gauche, sortant de la chlamyde et relevant le bord

---

[1] Pour ces photographies, je dois de vifs remerciements à mon ami le Dr PAUL RICHER, professeur d'anatomie à l'École des Beaux-Arts et membre de l'Institut. Il a bien voulu mettre à ma disposition son excellente installation photographique de l'École et il a photographié lui-même la plupart de mes poses sur le modèle vivant.

Fig. 65. — EXEMPLE DE LA CHLAMYDE.
D'après une peinture de vase.

inférieur, s'est replacée sur la hanche en dehors du manteau. Rien que par ce mouvement, la grande surface triangulaire, qui tombait tout d'une pièce, comme un rideau, et masquait le devant du corps, s'anime d'un groupement de plis expressifs, qui font deviner la forme humaine. J'y trouve l'occasion de faire remarquer le bel effet des grandes lignes de la chlamyde lorsqu'elles sont directement en contact avec le nû. Les artistes grecs n'ont pas manqué de faire la même observation et, lorsqu'ils représentent des dieux ou des personnages légendaires

Fig. 66. — Pose de la chlamyde.
D'après le modèle vivant.

vêtus de la chlamyde, il est rare qu'ils ne suppriment pas l'intermédiaire de la tunique. Avec la légende, ils avaient toute liberté, mais dans les représentations de la vie réelle, il en était autrement. La chlamyde ne pouvait pas, comme l'himation, envelopper le corps; c'était un manteau trop flottant et trop ouvert pour dispenser de la tunique. La stèle funéraire reproduite plus haut (Fig. 59) et même les figures de la cavalcade du Parthénon en sont les preuves convaincantes.

La Fig. 65 représente Œdipe devant le Sphinx, d'après une peinture de vase[1]. Le héros debout, appuyé sur sa lance, est tourné vers la droite, du même côté que le monstre, qui lui adresse la redoutable question. La main gauche toutefois, posée sur la hanche, n'est pas sortie du manteau. La chlamyde offre aussi cette particularité, qu'elle porte une troisième bande longeant le bord inférieur dans le sens de la chaîne.

Notre Fig. 67 est encore empruntée à la même légende d'Œdipe et du Sphinx[2]. Seulement, le Sphinx se trouvant ici à la gauche du héros, celui-ci se tourne naturellement de ce côté, et la chlamyde, évoluant dans la même direction, est venue se placer sur l'épaule gauche. Ce déplacement facile justifie une curieuse épithète, l'adjectif composé *allèlokheiros*, cité par un ancien commentateur[3] comme s'appliquant à la chlamyde; on dirait en français un vêtement *qui change de bras*. Cela expliquerait aussi, avec beaucoup de vraisemblance, le mot *allix*, sorte d'abréviation populaire par laquelle les Thessaliens

---

[1] TISCHBEIN, *Vases de la Collection Hamilton*, II, pl. 24. Cf. S. REINACH, *Répertoire des vases peints*, II, p. 298.

[2] OVERBECK, *Heroische Gallerie*, pl. II de l'atlas, Fig. 1.

[3] HÉSYCHIUS, au mot *allix*.

désignaient dans leur dialecte leur manteau national.

La pose 68, placée en regard de la figure antique, montre comment ces variations de l'ajustement, observées par les artistes anciens sur la nature, se produisent pour ainsi dire d'elles-mêmes, dès que l'on possède les dimensions et la position première de la pièce d'étoffe. Cet autre Œdipe étant vêtu de la tunique sous la chlamyde, nous avons choisi pour le vêtement de dessous une couleur foncée, en opposition avec la blancheur du manteau.

J'ajouterai que non seulement le point agrafé peut alterner de l'épaule droite à l'épaule gauche, comme nous venons de le voir, mais on trouvera des exemples où ce point d'attache a évolué jusque dans le dos, témoin le chasseur du sanglier de Calydon[1], représenté plus loin à la fin de notre chapitre (Fig. 71).

Au sujet de la couleur, les renseignements que nous apportent les vases grecs ne sont que des indications tout approximatives. Autre chose est le témoignage d'une véritable peinture grecque, comme on en a découvert quelques exemples, justement en Thessalie, près de l'ancienne ville de Pagasae, sur un groupe de stèles funéraires à décoration polychrome. Dans l'important article que Collignon a consacré à ces curieux monuments[2], bien que les phototypies n'y soient encore reproduites qu'en noir, nous trouvons pour la chlamyde plusieurs exemples intéressants, auxquels nous pouvons renvoyer nos lecteurs.

---

[1] Sur un vase de Benghazi, *Annali dell' Instituto*, 1868, pl. L M.

[2] *Revue de l'Art*, vol. XXXIII (1913), pp. 81-96; *les Stèles peintes de Pagasae*, par COLLIGNON, d'après la *Description* d'ARVANITOPOULOS (Athènes, 1909); cf. l'*Ephéméris archéologique* (1908), pp. 2-60.

Fig. 67. — Exemple de la chlamyde.
D'après une peinture de vase.

Il y a d'abord une chlamyde entièrement blanche, *hololeukos*, portée sur une tunique de couleur foncée[1]; mais un exemple sujet à discussion est celui d'une chlamyde rouge où le blanc reparaît aux deux extrémités du manteau et occupe presque complètement les deux pointes qui tombent jusqu'à terre[2]. On a pensé à une doublure blanche que le vêtement laisserait voir en se repliant sur lui-même ; mais cela n'est pas supposable pour une étoffe comme celle de la chlamyde, analogue à un châle ou à un plaid. Ce sont

---

[1] COLLIGNON, article cité, en face de la page 92.
[2] Même article, p. 89.

Fig. 68. — POSE DE LA CHLAMYDE.
sur le modèle vivant.

en réalité deux larges parties blanches formant bordure des deux côtés. Je songerais à ces tissus qui étaient fort en vogue dès le temps d'Alexandre et que l'on appelait *mésoporphura*[1], parce que le milieu était tissé en pourpre, tandis que les deux extrémités l'étaient en blanc. Notez que le personnage ainsi vêtu, un certain Hérodotos, porte un chapeau bombé, tout-à-fait semblable à la *causia* macédonienne, ce qui indiquerait une époque où la Thessalie était déjà soumise aux Macédoniens.

La chlamyde, comme vêtement des chefs et des rois, se prêtait à une décoration particulièrement brillante. Pour donner dans nos poses une idée de cette richesse, le mieux était de recourir aux étoffes de l'Inde, qui conservent la tradition des bandes de couleur, des bordures, des encadrements tissés à même, souvent avec une très belle ordonnance et avec un véritable style.

On peut considérer, en effet, comme un chef-d'œuvre du tissage hindou la grande écharpe rectangulaire avec laquelle il a été facile de former une troisième chlamyde : tissu un peu raide et par là bien approprié à son nouvel usage ; fond d'une blancheur atténuée, limité de chaque côté par une large bordure pourpre sur laquelle court sans fin, broché au fil d'or, un délicat enroulement de feuillage rappelant le rinceau corinthien.

De plus, on a pu laisser, le long de la lisière inférieure, une troisième bande, tissée noir et or, mais beaucoup plus étroite que les deux autres. Le rectangle primitif s'est trouvé seulement réduit à 1 m. 12 de large sur 2 m. 25 de long.

Dans la suite de mes expériences sur le vif, je me suis

---

[1] DION CASSIUS, 78, 3.

servi de cet élément nouveau pour étudier un dernier usage de la chlamyde, employée comme défense contre les attaques par surprise et dans les luttes improvisées (Figure 70). Il arrive, en effet, que les rois, les chefs de marque sont plus exposés que d'autres à de pareilles attaques. La chlamyde, portée en avant par le bras gauche, pouvait arrêter, ou tout au moins tenir écartés, les flèches, les coups de lance et même, fortement enroulée autour de ce bras, servir à parer les coups d'épée. La peinture de vase reproduite par notre Fig. 69 représente Patrocle, le fidèle compagnon d'Achille, venant au secours de son ami, que menace une Amazone à cheval. Il n'a pas eu le temps de prendre ses armes; brandissant une grosse pierre, il esquisse le mouvement par lequel il va se faire un bouclier de son manteau[1]. On peut citer aussi des exemples historiques. Alcibiade, exilé d'Athènes, s'est vu forcé de se réfugier en Asie[2]; là, cerné la nuit par un parti de Perses, il se précipite hors de sa maison en flammes, l'épée à la main et le bras gauche enveloppé de sa chlamyde; aucun des assaillants n'ose se mesurer avec lui; mais il succombe, frappé de loin, par leurs flèches.

A l'époque d'Alexandre et de ses successeurs, pendant toute cette période de domination militaire, la chlamyde est devenue par excellence le manteau royal. La beauté des teintures et la richesse des ornements y accusent, plus que sur aucune autre pièce du costume, les progrès de la technique et l'invasion du luxe oriental, fruit de

---

[1] GERHARD, *Auserlesene Vasenbilder*, pl. 164; S. REINACH, *Répertoire*, II, p. 83. Ce qu'un ancien auteur latin traduit sous cette forme expressive : *contorta chlamyde clupeare brachium.*

[2] PLUTARQUE, *Vie d'Alcibiade*, 39.

Fig. 69. — EXEMPLE DE LA CHLAMYDE.
D'après une peinture de vase.

la conquête. Alexandre lui-même dans sa tenue de chaque jour, lorsqu'il n'emprunte pas, comme dans ses réceptions d'apparat, le vêtement et les attributs des dieux, se montre vêtu de la chlamyde de pourpre[1]. Ajoutons qu'il la porte sur une tunique faite de l'étoffe appelée *mésoleukos*, c'est-à-dire ornée au milieu d'une large bande blanche entre deux parties de poupre, sorte de tissu que précédemment se réservait le roi de Perse[2].

---

[1] ATHÉNÉE, XII, 53.
[2] XÉNOPHON, *Cyropédie*, 8, 3, 13.

Fig. 70. — POSE DE LA CHLAMYDE.
D'après le modèle vivant.

Parmi ces chlamydes royales, les anciens décrivent avec des détails particuliers celle que portait Démétrius Poliorcète, le *preneur de villes*, l'ambitieux fils d'Antigone. Pour la couleur de l'étoffe, il avait adopté une nuance fort appréciée alors sous le nom d'*orphinon*, sorte de pourpre presque noire avec de chauds reflets. Sur ce fond, comme sur un ciel nocturne, le tissage avait semé des étoiles d'or et dessiné les signes du zodiaque, dont les alignements formaient, je pense, les bordures du manteau [1]. C'était l'image même du ciel dont le roi était revêtu. Si magnifique que soit l'idée de ce décor, on y retrouve la même inspiration que dans les déguisements mythologiques d'Alexandre, cette ambition de s'assimiler à la divinité, qui sera plus tard une des plaies de l'impérialisme romain.

Du reste, ce n'était pas seulement dans sa décoration, mais encore dans sa forme que les Macédoniens avaient modifié l'ancienne chlamyde grecque. Plusieurs écrivains des plus sérieux s'accordent à rapporter que les architectes d'Alexandre, lors de la fondation d'Alexandrie, avaient donné à l'enceinte de cette ville la forme arrondie d'une chlamyde macédonienne, obéissant soit à une idée symbolique, soit à la configuration du terrain. Suivant Plutarque, « ils avaient tracé un arc de cercle, dont le milieu arrondi se raccordait, dans la forme d'une chlamyde, à des bases droites, qui en limitaient de part et d'autre la dimension, comme font les bords d'une pièce d'étoffe » [2]. Pline dit que l'enceinte était dessinée « sur le modèle de la chlamyde macédonienne, par un contour arrondi, avec des pointes, qui formaient à droite

---

[1] ATHÉNÉE, XII, 50.

[2] PLUTARQUE, *Alexandre*, 26; cf. STRABON, pp. 791-792.

et à gauche des saillies anguleuses »[1]. Malgré l'emploi de certains termes techniques, ces descriptions nous laisseraient fort indécis sur la véritable coupe du manteau macédonien, n'étaient les vestiges mêmes de l'enceinte en question, qui nous renseignent à cet égard avec une certitude absolue. Pour peu que l'on régularise le contour décrit par les restes de l'ancienne muraille, on voit qu'il s'agit d'un arc surbaissé, du genre de ceux que les architectes comparent familièrement à une *anse de panier*.

Si l'on applique cette forme sur celle d'un rectangle d'égale proportion, on se rend compte du procédé, d'ailleurs très simple, par lequel la modification s'était opérée. Il avait suffi de couper, en les arrondissant, les deux angles inférieurs du rectangle, sans toucher aux deux angles supérieurs. Les courbes ainsi produites se raccordaient d'elles-mêmes aux lignes droites, aux bords rectilignes qui justement répondaient aux lisières naturelles de la pièce d'étoffe rectangulaire. Les deux angles non écourtés, en retombant sur le devant du corps, formaient ainsi, à droite et à gauche, les saillies anguleuses mentionnées par Pline.

La cause de cette modification est d'ailleurs facile à comprendre. Les Macédoniens, race toute militaire et d'esprit pratique, beaucoup moins soucieux que les Grecs des beaux effets du costume, avaient trouvé encombrantes les deux pointes inférieures de la chlamyde; ils les avaient supprimées; ils avaient coupé les « ailes thessaliennes » et fait ainsi tomber le manteau plus également en rond autour du corps[2]. En réalité, ce n'était

---

[1] Pline, *Histoire naturelle*, V, 11.

[2] L'opinion suivant laquelle cette forme arrondie serait déjà celle de la chlamyde grecque et thessalienne est une grave erreur; je crois l'avoir démontré par la présente étude.

qu'un détail de la réforme plus générale par laquelle les chefs macédoniens avaient modifié l'ancien équipement militaire des Grecs.

Les monuments figurés, de travail purement macédonien, sont à peu près introuvables. J'ai eu cependant la bonne chance de rapporter des régions intérieures de la Macédoine un bas-relief funéraire dont l'exécution sommaire et inhabile dénote un ouvrage fait sur place, dans un caractère qui appartient encore à l'époque hellénique[1]. C'est un curieux spécimen de l'ancien costume macédonien. Le mort, représenté assis, est coiffé de la *causia* nationale et porte, agrafée sur l'épaule droite, une chlamyde dont les bords, ramenés sur les jambes repliées, ne laissent pas voir exactement leur forme. Il en est autrement pour un jeune homme figuré debout derrière le personnage assis : la tête manque, ainsi que le haut des épaules; mais le manteau, ouvert sur le bras droit, est une chlamyde dont les pointes sont coupées par une ligne très nettement accusée.

Il est curieux d'observer que, grâce à ce changement, l'antique chlamyde se rapprochait beaucoup de la forme demi-circulaire donnée par les Romains à leurs manteaux, comme la toge et surtout la *trabée*, qui était un manteau militaire, moins ample que la toge et agrafé par une fibule. On s'explique ainsi que Pline, décrivant la chlamyde macédonienne, se serve de l'adjectif *laciniosa*, le mot *lacinia* étant un terme spécial, réservé à la toge, pour désigner les deux pointes formées par la rencontre du bord rectiligne avec la courbe extérieure.

Nous avons donc là une véritable transition entre le costume grec et le costume romain. Il n'y a pas lieu de

---

[1] Heuzey et Daumet, *Mission de Macédoine*, pl. 22, pp. 292, 295.

s'étonner que les écrivains grecs de l'époque romaine et même de la basse époque byzantine aient continué très tard à se servir du mot *chlamyde* pour distinguer diverses sortes de manteaux agrafés, d'une coupe analogue, portés par leurs contemporains.

Il n'y a pas à s'étendre davantage sur ces déformations successives. C'est uniquement la chlamyde grecque que j'ai voulu étudier ici dans son originalité première.

Fig. 71. — Héros
chassant le sanglier
de Calydon.
D'après une peinture de vase.

V

LE PÉPLOS

DES FEMMES GRECQUES

Dans l'étude du costume grec, surtout pour le costume des femmes, la principale difficulté est de concilier avec les monuments figurés les multiples notions que l'on récolte chez les écrivains, poètes, prosateurs, grammairiens, lexicographes. Une nomenclature surabondante, parfois satirique ou fantaisiste, encombre le sujet plutôt qu'elle ne le débrouille. Il en est tout autrement des œuvres d'art, qui, consultées seules, permettent un classement beaucoup plus clair et plus logique. Dans le choix de ces exemples, si l'on passe du plus simple au plus compliqué, en cherchant à réaliser le même ordre sur le modèle vivant, on y trouve une suite plus logique et plus réellement historique que par tout autre moyen. Beaucoup de figures dessinées ou sculptées nous font même remonter vers les origines du costume et nous conduisent, dans cette voie de la simplicité primitive, beaucoup plus loin que les descriptions homériques.

Il y a sans doute une réserve à faire; c'est de savoir si certains ajustements conservés par les artistes, en particulier dans les représentations mythologiques ou légendaires, ne s'écartent pas des modes réelles adoptées à l'époque de ces artistes. Cela n'a rien d'ailleurs qui puisse gêner nos démonstrations, dont le but est d'expliquer le costume antique, avant tout dans les chefs-d'œuvre de l'art.

L'épopée homérique nous a permis, dans quatre occasions différentes, de voir des femmes s'habiller ou se déshabiller devant nous. Que leur costume soit le *péplos* d'Athéna, l'*héanos* de Héra, le *pharos* de Calypso ou de Circé[1], il consiste toujours en une grande pièce d'étoffe rectangulaire, attachée aux épaules par des fibules. Le mot de *khiton* (tunique), si souvent employé dès la même époque dans le costume des hommes, n'existe pas pour les femmes. Les deux dernières formes, l'*héanos* et le *pharos*, sont fixées à la taille par une ceinture, ce qui les rapproche pourtant de la tunique ; mais il n'est pas question de ceinture pour le *péplos*, et Athéna, rien qu'en le dégrafant aux épaules, le fait couler et le « répand » sur le sol. Aussi le *péplos* a-t-il, plus que tous les autres vêtements homériques, des parties traînantes ou flottantes, et la déesse Aphrodite, avec un pli (ou, si l'on veut, avec un repli) du sien, peut couvrir son fils Énée, blessé dans la bataille[2].

Les premières données de l'histoire présentent, sur la même question de l'ancien costume des femmes grecques, une remarquable concordance avec les indications de la poésie épique. Le cinquième livre d'Hérodote contient à ce sujet un témoignage capital et qui, malgré quelques traits de légende, est tout-à-fait parallèle à celui de Thucydide[3] sur le costume des hommes.

---

[1] Homère, *Iliade*, V, 734, et VIII, 384; XIV, 178; *Odyssée*, V, 230, et X, 543.

[2] Homère, *Iliade*, V, 315.

[3] Thucydide, I, 6.

C'est à propos d'un événement dont la date se place au cinquième siècle avant notre ère. Les Athéniens, dans une lutte contre leurs voisins de l'île d'Égine, que soutenaient les Argiens, subirent un si grand désastre, qu'un seul survivant en serait revenu[1].

« A cette nouvelle, » continue l'historien, « les femmes de ceux qui étaient de l'expédition contre Égine firent un crime à cet homme d'avoir, seul de tous, échappé à la mort. Le prenant au milieu d'elles, elles le piquèrent avec les fibules de leurs vêtements, chacune lui demandant où était son mari, et le malheureux mourut de cette façon. Les Athéniens jugèrent cette action féminine plus néfaste que le désastre même. Mais n'ayant pas d'autre moyen de punir les femmes, ils leur imposèrent de remplacer leur vêtement par le vêtement ionien. Avant cela, les femmes des Athéniens portaient le costume dorien, très voisin de celui de Corinthe. Ils le leur firent donc abandonner pour le khiton de lin, afin qu'elles n'eussent pas à employer de fibules. Pour parler avec exactitude, ce costume n'est pas ionien d'origine, mais carien. En effet, l'ancien costume hellénique des femmes était partout celui-là même que nous appelons aujourd'hui dorien. La conséquence fut aussi que les Argiens et les Éginètes se firent une règle commune de fabriquer des fibules de proportions deux fois et demi plus grandes que les dimensions ordinaires, et leurs femmes adoptèrent l'usage de consacrer de pareilles fibules principalement aux deux déesses dont j'ai parlé [Damia et Auxésia]. Et, depuis tant d'années jusqu'à mon époque, les femmes des Argiens et des Éginètes portaient des fibules plus grandes qu'auparavant. »

---

[1] HÉRODOTE, V, 87-88.

Il serait difficile assurément d'imaginer, pour le costume grec des femmes, une entrée en scène plus tragique. Hérodote, avec sa bonhomie habituelle, nous transmet ces récits sans les garantir et tels qu'il les a recueillis. Nous devons lui en savoir gré ; car les traditions sont en elles-mêmes des documents pour l'histoire, et, avant de les contrôler, il est utile de les connaître dans leur saveur première. Que les événements ne soient ici dramatisés par le souvenir populaire, aucun lecteur n'en saurait douter. Chez les anciens surtout, beaucoup moins soumis à l'empire capricieux de la mode, ce serait une illusion de considérer les modifications du costume national comme le brusque résultat de quelque événement particulier, au lieu d'en attribuer la lente évolution à des causes d'ordre économique ou politique beaucoup plus générales et souvent moins lointaines ; mais il reste toujours les choses vues, sur lesquelles l'historien a pu se faire une opinion par les faits qu'il a constatés de ses yeux.

Nous acquérons la certitude que, du temps d'Hérodote, chez les populations doriennes, il existait pour les femmes un costume appelé dorien, en opposition avec le costume ionien des Athéniennes, déjà caractérisé par la tunique de lin. Le vêtement dorien consistait en tissus de laine attachés par de fortes fibules, comme il convenait pour de pareilles étoffes, tandis que la tunique de lin, si elle ne repoussait pas l'usage des fibules plus petites, ce qui serait trop dire, permettait de s'en passer, parce qu'elle les remplaçait souvent par des coutures. L'arrangement du costume dorien pouvait être plus simple dans certaines régions, par exemple à Égine plus que dans l'opulente Corinthe, mais, partout où dominait la race dorienne, le principe était le même.

Et ce n'est pas là, de la part de l'écrivain, une simple induction. Son témoignage repose sur des faits qu'il était à même d'observer autour de lui, dans le costume des autres tribus grecques, montagnards de la région intérieure comme l'Arcadie, habitants de la Grèce du Nord, de mœurs plus rudes, et moins enclins à quitter les anciennes modes. Sous ses yeux il avait aussi le petit peuple, les gens de la campagne. Même en Attique, on n'en peut douter, les femmes des bourgs qui travaillaient aux champs ou qui cueillaient les olives devaient tisser volontiers leurs habits avec la grosse laine de leurs moutons, au lieu d'employer les étoffes de lin, plus coûteuses, moins pratiques pour elles, et dont l'usage était déjà du luxe.

Il est remarquable surtout que, plusieurs siècles après l'époque d'Homère, Hérodote, dans la description de ce costume des femmes doriennes, continue à ne pas parler de la tunique. On le sent embarrassé à le caractériser par un terme spécial. Il emploie l'expression très vague de « vêtement »; il se sert même du mot *himation*, en le prenant sans doute dans son acception la plus générale. Pour le terme de *khiton* (ou *kithon* dans son dialecte ionien), il le réserve expressément aux robes de lin, telles que les portaient déjà les dames athéniennes.

Cette abstention, cette réserve de langage, qui persiste jusqu'en pleine époque historique, donne une force de plus à l'importante déclaration de l'auteur, lorsqu'il proclame que le costume des femmes appelé dorien n'est autre chose que l'ancien vêtement national de toutes les femmes grecques, même à Athènes, avant que l'usage des tuniques de lin ne s'y fût introduit. Son affirmation cadre trop exactement avec le témoignage de

Thucydide sur le costume des hommes, elle s'accorde trop bien avec les grandes lignes du développement économique dans l'antiquité, pour ne pas être acceptée par nous comme une vérité d'origine, dominant l'étude que nous poursuivons.

Cette opinion était si bien accréditée dès la même époque, que le poète Eschyle, imaginant, dans le songe d'Atossa[1], deux femmes qui personnifient, l'une la Grèce et l'autre la Perse, distingue la Grèce en lui donnant pour vêtement le « péplos dorique. »

Les précieuses indications que fournit Hérodote sur l'adoption de la tunique ionienne seront reprises plus tard dans un chapitre spécial[2]. Pour l'ancien costume des femmes, que nous ne pouvons plus appeler exclusivement dorien, sinon pendant une période moyenne de l'histoire grecque et dans une zone limitée du monde hellénique, c'est une des formes qui se rencontre le plus souvent sur les monuments et qui s'y reconnaît au premier coup d'œil. Statues, vases peints, bas-reliefs nous montrent à tout instant ce châle à deux fibules, complètement ouvert sur l'un des côtés. On le trouve souvent replié en partie et rabattu dans sa hauteur, mais sans qu'il soit d'ordinaire serré autour du corps par une ceinture. Aucun autre vêtement de femme ne mérite mieux, croyons-nous, de conserver l'ancien nom homérique de *péplos*, que certains commentateurs grecs remplacent mal par l'expression de « tunique fendue » : car la ceinture serait nécessaire pour en faire une véritable tunique, et surtout on ne saurait confondre avec une coupure, avec une fente pratiquée après coup dans

---

[1] ESCHYLE, *Perses*, 183.

[2] Voir plus loin le chapitre VI sur la Tunique des Femmes.

l'étoffe, l'ouverture latérale produite par la simplicité
de l'ajustement. Aussi, pour plus de clarté, l'appellerons-
nous le *péplos-ouvert*.

Fig. 72. — FEMME PLIANT LE PÉPLOS.
D'après une peinture de vase.

Sa forme rectangulaire, qui est simplement celle de
l'étoffe sur le métier à tisser, est démontrée pour les
yeux par quelques scènes de toilette où, la femme ayant
enlevé son vêtement, on le replie en carré, comme nous

avons vu, pour le costume des hommes, un éphèbe replier son *himation*. Aussi avons-nous choisi pour première figure un motif emprunté sans doute à une scène nuptiale, d'après une pyxis du Louvre[1] : c'est une femme qui replie de la même manière le péplos de la mariée. Les grandes dimensions du tissu y sont, de plus, très apparentes; mais on les mesure encore mieux dans une autre peinture de vase, où deux femmes sont occupées à plier en long le rectangle d'étoffe, comme on plie un drap de lit[2]. L'exemple classique entre tous est d'ailleurs le groupe central de la frise du Parthénon, où le grand-prêtre d'Athéna replie en carré le célèbre péplos de la déesse, détaché de la galère roulante au mât de laquelle il était promené dans la procession des Panathénées et montré au peuple sous la forme, certainement rectangulaire. d'une voile de vaisseau[3].

Ce vieux mot de *péplos*, avec un redoublement enfantin de la première consonne, a d'ailleurs en lui-même quelque chose de très significatif. A l'idée du pli, qu'il porte dans sa racine, s'ajoute une sonorité imitative, qui fait entendre comme le claquement et l'envolée d'un tissu qui flotte. Je m'en voudrais de conseiller aux artistes de l'abandonner pour quelque terme technique moins expressif, moins pittoresque et moins musical[4].

---

[1] Inventaire, CA 587, Salle L, notre Fig. 72.

[2] E. GERHARD, *Auserlesene Vasenbilder*, pl. 300.

[3] COLLIGNON, *Le Parthénon*, Fig. 75, p. 189.

[4] Surtout ne pas se servir du terme *péplum*, désignant au théâtre une pièce de costume qui prétend reproduire le manteau des femmes grecques.

LE PÉPLOS OUVERT

1. — LE PÉPLOS-OUVERT, FORME SIMPLE

L'exemple reproduit par notre Figure 73 est assurément le plus simple et le
plus primitif que l'on
puisse rencontrer d'un
pareil vêtement. Je le
donne comme le point
de départ de tout le cos-
tume des femmes grec-
ques, comme un exemple
plus clair que n'importe
quel schéma et dont la
simplicité ne demande
pas même, pour être
comprise, une étude sur
le modèle vivant[1].

Le châle rectangulaire,
ouvert sur le côté gau-
che, sans repli ni cein-
ture, laisse voir en partie,
dans un mouvement gra-
cieux et animé, le corps
de celle qui en est revê-
tue. Il est vrai que c'est
une Nymphe des bois
qui danse avec un jeune
Pan. On remarquera tou-
tefois qu'elle cherche à

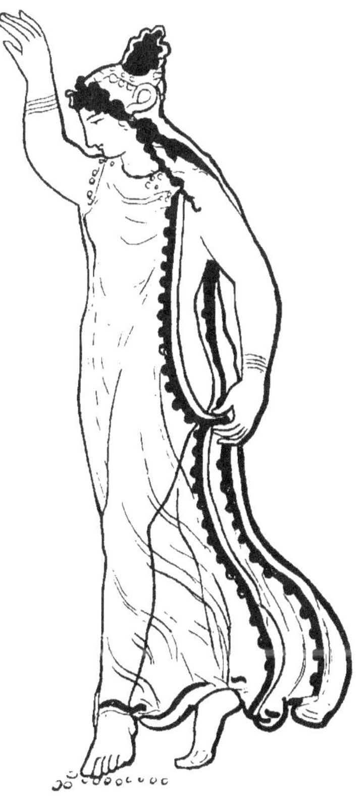

Fig. 73.
FORME SIMPLE DU PÉPLOS-OUVERT.
D'après une peinture de vase.

---

[1] PANOFKA, *Musée Blacas*, pl. XXIII.

se couvrir à demi, en rassemblant avec sa main les deux bords de la draperie, soit qu'elle les tienne seulement réunis, soit qu'elle passe son doigt sous une fibule ou sous un point d'attache qui les rapprochait d'avance. Si le dessin était plus précis [1], il y a là un détail qui aiderait à résoudre une des questions discutées entre les archéologues : à savoir si les fibules servaient parfois à fermer plus ou moins la grande ouverture latérale du péplos. On a même cru pouvoir mettre à part, pour un pareil usage, quelques-unes des « douze fibules d'or aux crochets bien recourbés » qui attachaient le grand et magnifique péplos offert à Pénélope par le prétendant Antinoos [2]. Quant aux fibules qui fixaient sur les deux épaules le péplos beaucoup plus simple de notre danseuse, elles sont cachées par les boucles tombantes de la chevelure.

Le prototype du péplos, tel que nous le présente la Nymphe dansante de la Figure 73, n'est pas d'ailleurs une pure fantaisie d'artiste. Il aide à comprendre ce que devait être le vêtement très primitif des jeunes filles spartiates, question que les nombreuses allusions des anciens auteurs compliquent sans la résoudre. La principale difficulté est l'usage fréquent et abusif qu'ils font du mot *khiton*, d'où l'on est porté à conclure qu'il s'agit d'une véritable tunique. Avec ce mot, et surtout avec l'expression de « tunique fendue », nous allons voir commencer le perpétuel malentendu qui embrouille chez les Grecs toute la nomenclature du costume des femmes.

---

[1] Dans la figure publiée par Panofka, il semble bien que l'index soit replié sous un point d'attache circulaire ; seulement il y a confusion avec les nombreux points de même forme qui ornent les bords du vêtement.

[2] HOMÈRE, *Odyssée*, XVIII, 292-294.

Il faudra beaucoup d'attention pour s'en tirer sans trop d'erreurs.

Plutarque, parlant de la tenue imposée aux jeunes Lacédémoniennes par la loi de Lycurgue[1], décrit en ces termes leur façon de se vêtir : « Il est certain que les ailes [les deux pans] du *khiton* des jeunes filles n'étaient pas cousues ensemble par le bas et, dans la marche, laissaient nue toute la cuisse, ce qui provoqua les propos des poètes et fit surnommer ces jeunes filles *phœno-mérides*, c'est-à-dire : qui montrent leurs cuisses ». Plutarque cite ses auteurs et nous reporte ainsi à la belle époque de la poésie grecque. Sa liste débute par le poète Ibycos, responsable de ce nom, malicieux sans doute, mais certainement gracieux. Sophocle en précise le sens, à propos de la jeune Hermione, « dont la cuisse se montre à la porte, entre les plis de sa tunique imparfaitement ajustée[2] ». L'expression conviendrait plutôt au style de la comédie; mais, malgré l'emploi du mot *khiton*, elle est très démonstrative et fait bien comprendre de quel vêtement il s'agit en réalité. Euripide passe à l'invective; c'est le vieux Pélée qui s'en charge : « Non, » dit-il, « quand elle le voudrait, elle ne pourrait être sage, l'une de ces filles qui, désertant leurs maisons, s'en vont les jambes nues et le péplos ouvert, partager avec les jeunes gens des luttes de course et de palestre, dont je réprouve la promiscuité[3]. »

Pour bien saisir la portée de cette tirade, il faut s'imaginer que l'on est assis, au milieu du peuple athénien, sur les gradins du théâtre de Bacchus, et cela vers le

---

[1] PLUTARQUE, *Parallèle entre Lycurgue et Numa*, 3.
[2] SOPHOCLE, dans PLUTARQUE, *ibid*.
[3] EURIPIDE, *Andromaque*, 595-600.

temps de la grande guerre du Péloponèse entre Sparte et Athènes. Le public vient déjà d'entendre de véritables imprécations contre les Spartiates et leurs empiètements dans la Grèce. Le poète conteste maintenant la moralité même du régime que les lois de Lycurgue imposaient aux jeunes filles. On juge quels applaudissements devaient faire éclater, par leur exagération même, de pareilles critiques.

Il est certain que, dans la vie de Sparte, l'éducation gymnastique des femmes tendait non seulement à préparer chez elles une maternité plus robuste, mais à émousser aussi ce que l'on peut appeler la pudeur physique, afin de leur donner plus d'initiative et de caractère. Le but se comprend; mais de peuple à peuple, surtout entre tribus rivales, les modes féminines, certaines différences de costume en particulier, motivent inévitablement des jugements opposés qui tournent vite à la malignité. On sait ce que pensent et ce que disent les Orientaux des dames européennes, de leurs sorties à visage découvert, de leurs décolletés pour les soirées et pour le bal. Sans aller si loin, je me rappelle, en Espagne, dans les rues de Cordoue, une famille anglaise qui excitait plus que la curiosité, et cela au sujet d'une grande fillette, vêtue de court, les jambes en partie nues, d'après une mode que nous avons nous-mêmes importée d'Angleterre et que justifient des raisons d'hygiène très sérieuses. Toute proportion gardée, n'est-ce pas là un peu ce qui se passait pour les *phænomérides ?*

Ces indications de première main sont ensuite confirmées et complétées plus ou moins par les grammairiens et par les lexicographes. Un texte, cité par un commentateur de l'*Hécube* d'Euripide[1], est d'une précision remarquable; voici comment il s'exprime : « Les jeunes Lacédémoniennes passent leurs journées sans ceinture et sans tunique, n'étant vêtues que d'un châle assez étroit *(himatidion)*, agrafé par une fibule *(porpé)*, sur chacune des deux épaules. » Le diminutif *himatidion* surtout est un mot précieux à retenir, un terme révélateur, indiquant une forme restreinte de l'*himation*, du châle rectangulaire, un himation « assez étroit », comme j'ai traduit, parce que l'expression « petit châle » aurait exagéré en français la restriction du grec. Ajoutez que là aussi, comme dans Homère et dans Hérodote avant l'introduction de la tunique ionienne, pas de *khiton* pour les femmes; ces jeunes filles sont sans tunique *(a-khitonês)*. Cela n'empêchera pas les Grecs, dès que ce châle sera tant soit peu agrafé, de l'appeler *tunique*.

Le grammairien Julius Pollux n'y manque pas. D'après lui[2], « la tunique fendue *(skhistos khiton)* était épinglée sur les épaules par des fibules *(péronai)* et attachée vers la poitrine par une autre fibule d'une espèce différente *(porpé)*[3]. On appelait *skhistos* le *khiton* des jeunes filles lorsqu'elles en laissaient ouvertes les ailes [les deux pans] jusqu'à une certaine hauteur et montraient ainsi leurs cuisses par la lisière inférieure *(katô péza)*; telles surtout les jeunes filles spartiates, que pour cela on nommait *phanomérides*[4] ». Le principal

---

[1] Αἱ Λακεδαιμονίαι κόραι διημερεύουσιν ἄζωστοι καὶ ἀχίτωνες ἱματίδιον ἔχουσαι πεπορπημένον ἐφ ' ἑκατέρου τῶν ὤμων (éd. Matthiæ, IV, p. 215; éd. Musgrave, IV, p. 349).

[2] Pollux, *Onomasticum*, VII, 13, 54.

[3] Cette fibule de la poitrine est presque introuvable sur les monuments; C'est pourquoi j'ai traduit : « vers la poitrine », supposant que ce pouvait être une de ces fibules qui fermaient par le haut les bords latéraux du péplos.

[4] Variante d'orthographe, d'après le texte de Pollux, *l. c.*

tort de Pollux est d'avoir placé cette description trop loin de celle qu'il a donnée d'abord de l'ancien péplos[1], en le décrivant comme un vêtement à double usage, ou plutôt en le rangeant dans la classe indécise des vêtements dont les Grecs ne savaient dire s'ils étaient tuniques ou manteaux, par la bonne raison qu'il suffit de l'ajustement pour leur faire prendre l'un ou l'autre caractère. Là, en effet, se trouve, nous le répétons, la véritable solution du problème.

2. — LE PÉPLOS OUVERT, AVEC REPLI

Les autres villes grecques, même les cités doriennes, n'étaient pas soumises à des lois aussi sévères que celles de Lycurgue. Lorsqu'une femme avait obtenu par le tissage un rectangle d'étoffe de dimensions plus grandes que le maigre péplos des jeunes filles spartiates, elle était naturellement amenée à rabattre, sous la morsure des fibules, tout ce qui, dans le sens de la hauteur, dépassait sa propre taille. Le châle de laine, tout en restant ouvert sur l'un de ses côtés, se recouvrait ainsi lui-même dans sa partie supérieure; il se doublait d'un vêtement de dessus plus ou moins long, mais tenant d'une seule pièce à la partie de dessous, sans aucune couture. De même, si les proportions en largeur excédaient aussi celles du buste, les bords libres retombaient le long de l'ouverture latérale en cascades de plis qui étoffaient singulièrement le costume. Les angles pouvaient même descendre jusque sur le sol et justifiaient l'épithète homérique des femmes « traînant leur péplos *(helkési-péploi)*[2] ».

---

[1] POLLUX, VII, 13, 50.
[2] HOMÈRE, *Iliade*, VII, 297; XXII, 105.

Cependant les descriptions de l'épopée, qui, pour les hommes, mentionnent souvent des vêtements repliés, ne parlent pas de repli dans le costume des femmes [1]. Les artistes grecs, au contraire, ont trouvé leur compte dans la beauté simple et noble de cet ajustement, et ils se sont plu à en multiplier les représentations. Peut-être même est-il resté en faveur auprès d'eux jusqu'à une époque où la mode en était devenue moins fréquente et moins générale en Grèce. Il n'y a donc pour nous qu'à choisir entre les exemples sans nombre que donnent les monuments. Il faut seulement trouver des figures qui rendent bien compte de la forme première et qui permettent de suivre les modifications qu'y apportent la longueur et la disposition du repli [2].

Parmi les figures de ronde-bosse, les statues en bronze, de grandeur presque naturelle, connues sous le nom de *Danseuses d'Herculanum*, parce qu'elles furent trouvées non loin du théâtre de cette ville, sont considérées comme fournissant une échelle de types qui illustrent le costume dorien des femmes vers l'époque où il est décrit par Hérodote. Œuvres d'une école qui florissait en Sicile et en Italie et qui, avec l'un de ses représentants les plus illustres, le sculpteur Pythagoras de Rhegium, précède

---

[1] A moins que l'on ne comprenne ainsi le *ptygma* du péplos d'Aphrodite (HOMÈRE, *Iliade*, V, 315).

[2] On emploie souvent, pour désigner ce repli, le mot grec **apoptygma** : c'est un terme qui n'est cité qu'une seule fois, et cela par une inscription où sont énumérés divers fragments d'une statue en or de la Victoire ; ces débris étaient rangés chacun séparément sur des rayons, dans un magasin sacré de l'Acropole d'Athènes, par exemple le thorax, l'*apoptygma*, les jambes, etc. En conséquence, le repli même, plaqué contre le thorax, ne pouvait former un débris à part, et alors l'*apoptygma* devait être un déploiement de draperie, une draperie volante s'écartant de la figure, comme cela est ordinaire dans les statues de la Victoire. Aussi ai-je évité de me servir de ce terme. Cf. *Corpus inscript. græc.*, I, p. 235, n° 131. 3.

de près la belle époque grecque, ces statues associent
à des formes déjà très pures et à des gestes pleins de

Fig. 74 . — EXEMPLE DE PÉPLOS-OUVERT AVEC REPLI.
D'après une statue de bronze d'Herculanum.

caractère des ajustements d'une très grande simplicité,
où les mouvements du corps commencent à peine à déranger la régularité des plis, ce qui rend le costume

d'autant plus clair et facile à comprendre pour les yeux. Une autre circonstance favorable à la sincérité de l'étude,

Fig. 75. — POSE DU PÉPLOS-OUVERT AVEC REPLI.
Sur le modèle vivant.

c'est que l'action à laquelle les figures participent est étrangère à toute conception mythologique ou légendaire. Nous assistons à la préparation d'une cérémonie de la vie réelle, danse sacrée ou procession religieuse, peut-être l'une et l'autre à la fois, comme cette théorie delphique décrite par Héliodore, ces jeunes filles desquelles « on ne peut dire si elles dansent ou si elles marchent[1] ».

L'une de ces remarquables statues (Figure 74), moins grande que les autres[2], représente certainement une très jeune fille, qui porte le péplos complètement ouvert jusqu'en bas sur le côté droit avec partie rabattue et sans ceinture. Les avant-bras et les deux mains écartées sortent seuls symétriquement de la draperie. La partie rabattue, descendant aux hanches sans presque marquer la taille, occupe à peu près le quart du châle, s'il était déplié dans toute sa hauteur. Les plans verticaux du dessous se prolongent en plis espacés et s'infléchissent à peine en touchant terre. Sur la gauche de la figure, du côté opposé à la grande ouverture latérale et à la chute de draperies qui s'y produit, on voit très bien comment la fibule laisse entre les bords du repli un passage de longueur suffisante pour que le coude y rentre à volonté et que l'avant-bras s'y appuie comme sur une large emmanchure.

Lorsqu'il a fallu réaliser cet ajustement, je n'ai pas eu à chercher bien loin l'étoffe qui m'était nécessaire. Le manteau abyssin à bande de couleur, déjà employé pour le costume des hommes, a suffi, par le seul fait d'une disposition nouvelle, à produire le résultat demandé. Ainsi s'explique le nombre des vêtements que les Grecs nous désignent comme étant communs aux deux sexes, et l'on a moins de peine à comprendre que Phocion et sa femme, dans leur glorieuse pauvreté, n'aient eu

---

[1] HÉLIODORE, *Æthiopica*, III, 2.

[2] *Museo Borbonico*, II, pl. 7, n° 1 ; S. REINACH, *Répertoire de la statuaire antique*, 2e édition, p. 643, n° 3.

pour sortir qu'un seul manteau, dont ils se servaient à tour de rôle[1].

La femme qui doit porter le péplos disposé de cette façon commence par replier la partie supérieure, en tenant compte de sa propre taille et en observant les dimensions du tissu. Dans un pareil ajustement les mesures ne sauraient être absolues. La retombée plus ou moins basse du repli et la relation de toutes les parties dépendent, en effet, de ces premières proportions. Ensuite, le bord replié, saisi des deux mains vers le milieu du repli, est passé sous le bras gauche et agrafé sur l'épaule du même côté, de manière à laisser un entrebâillement pour faire sortir le bras. Si l'étoffe est assez large, l'ouverture doit se prolonger jusqu'au delà du coude; mais, quand l'ampleur est moindre, la partie entrebâillée diminue d'autant.

Le châle n'est encore agrafé que d'un seul côté; alors, les deux bords repliés étant rapprochés de nouveau on les agrafe sur l'épaule droite, en ayant bien soin de laisser toujours plus de jeu sur la poitrine pour le passage de la tête, ainsi que cela est également recommandé pour la tunique des hommes. C'est là le mouvement que nous avons donné au modèle sur notre Figure 75. Cette attitude familière, bien que n'étant pas tout-à-fait la même que celle de la statue placée en regard, offre cependant l'avantage de montrer l'ajustement pris en quelque sorte sur le fait[2].

La disposition du péplos, bien que suffisamment équilibrée, reste cependant asymétrique. Sur le flanc gauche

---

[1] ÉLIEN, *Hist. var.*, VII, 9.

[2] J'ai pu répéter ces poses de mon cours dans l'atelier de mon ami et et très cher confrère le Dr PAUL RICHER, qui a bien voulu les photographier toutes. Qu'il reçoive ici mes vifs remerciements.

de la figure, où la draperie est en partie fermée, sauf pour le passage du bras, les plis tombent de l'épaule en cercles, ou plutôt en ellipses concentriques, et ne descendent qu'à mi-hauteur. Du côté droit, au contraire, l'ouverture totale du vêtement laisse la partie excédente du repli accuser ses angles par des spirales naturelles dont la bande de couleur souligne à propos les ondulations. Plus bas enfin, la même retombée projette jusque sur le sol les deux pointes inférieures et peut faire du rectangle d'étoffe la robe traînante célébrée par le poète. Cette inégalité entre les deux chutes latérales est le résultat logique, en quelque sorte, de l'ajustement, et, par cela même, elle contribue à l'effet de l'ensemble.

A côté des œuvres de la plastique, il n'est pas sans intérêt de montrer comment la même forme de péplos a été traitée sur les vases peints, dans les innombrables scènes héroïques ou mythologiques dont ils sont décorés. La Figure 76 représente Ériphyle, femme du devin Amphiaraos, avançant la main pour recevoir le fatal collier dont l'offre la détermine à révéler la retraite de son mari et à le faire partir pour le siège de Thèbes, où il sait qu'il trouvera la mort [1].

Sous le rapport du costume, on peut remarquer la disposition d'ailleurs fréquente de la bande de couleur qui souligne le bord du repli et court également le long des trois autres côtés de la pièce rectangulaire. L'attention est attirée surtout par les deux modestes épingles qui remplacent aux épaules les classiques fibules. Celles que Studniczka a signalées sur les figures archaïques du vase François[2] sont plus ornées, et nous reproduirons

---

[1] FURTWAENGLER, *Griechische Vasenmalerei*, pl. 66, Fig. 27. A la droite d'Ériphyle, le héros Polynice lui tend le collier.

[2] STUDNICZKA, *Beiträge*, p. 97.

plus loin (Fig. 82) un spécimen plus riche du même genre d'attaches. Les épingles d'Ériphyle sont, au contraire, du type le plus commun : l'artiste aurait-il cherché dans cette pauvre bijouterie, opposée à l'éclat du collier tentateur, un élément de contraste et comme une explication ?

Une observation d'un autre genre est à faire dans la figure qui nous occupe : on y relève une distraction qui, si elle n'était pas corrigée, fausserait complètement le dessin du costume. Les deux derniers plis qui partent de l'épaule droite et descendent jusqu'au delà du coude

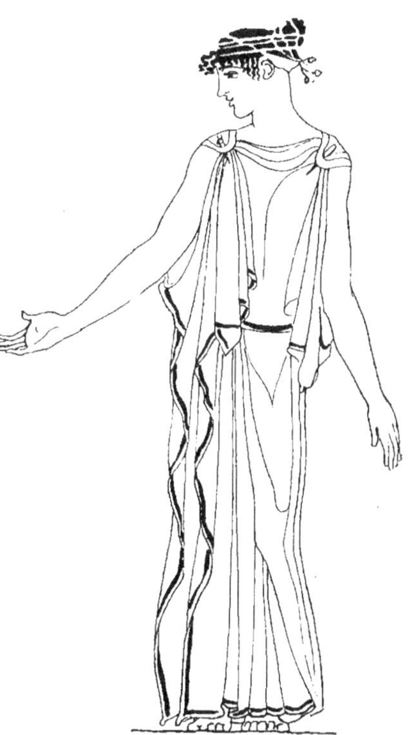

Fig. 76. — LE PÉPLOS-OUVERT AVEC REPLI.
D'après une peinture de vase.

ne devraient pas contourner le bras et revenir en arrière, comme pour esquisser une sorte d'emmanchure parallèle à celle du côté gauche. C'est une disposition qui ne pourrait se produire que si l'ouverture latérale du péplos et de son repli était réunie par une couture, ainsi que nous le verrons plus loin pour le péplos-fermé ; mais, dans le péplos-ouvert, les deux parties restent absolument distinctes, l'une en avant, l'autre en arrière du bras qui les sépare. De pareilles inexactitudes ne sont pas toujours évitées dans le travail hâtif des décorateurs céramistes Nous sommes prévenus que les peintures de vases, si précieuses par leur nombre et par la variété de leurs informations sur le costume grec, ne peuvent pas être consultées, cependant, sans qu'un examen très attentif n'en ait contrôlé les détails.

Le personnage d'Ériphyle était connu dans l'antiquité comme fournissant aux artistes un motif remarquable. D'autres vases représentent la femme d'Amphiaraos tenant son collier; mais c'était surtout le grand peintre Polygnote qui, dans sa composition des Enfers, sur les murs de la Leskhé de Delphes, avait réussi à faire de ce sujet, par la combinaison du geste et du costume, un chef-d'œuvre d'expression. « Ériphyle, écrit Pausanias, est représentée debout; à travers son *khiton*, elle tient levée près de son cou l'extrémité de ses doigts et, dans les creux du *khiton*, vous diriez que de ses mains elle serre le fameux collier[1]. »

Ce texte, si intéressant qu'il soit, n'est pas cependant assez précis pour qu'un dessinateur restitue avec toute certitude et dans tous ses détails la figure peinte par Polygnote. Le terme de *khiton*, que nous verrons Pausanias appliquer même à l'*Athéna* du Parthénon, est ici employé par lui dans le sens vague et trop général qui a fait adopter aux Grecs le terme de « tunique fendue » dont nous ne cessons de dénoncer l'inexactitude. Cela n'empêche pas que l'Ériphyle de Polygnote ne fût, selon toute vraisemblance, vêtue du péplos, comme celle de notre figure de vase.

---

[1] PAUSANIAS, X, 29, 7.

Une femme vêtue du péplos pouvait facilement passer la main sous le repli, d'après un geste caractéristique que l'on retrouve dans plusieurs statuettes de bronze servant de pieds à des miroirs. On y reconnaît d'ordinaire une variante vêtue de l'Aphrodite portant la main à sa poitrine. On a bien songé aussi quelquefois à l'*Ériphyle* de Polygnote ; mais la main, ainsi emprisonnée sous la partie rabattue de la draperie, ne peut pas montrer au dehors le bout de ses doigts. Il n'y a donc pas lieu de changer la première attribution.

Dans la peinture de Polygnote, je considère comme beaucoup plus probable et plus conforme à la description de Pausanias, que la main d'Ériphyle devait se laisser deviner sous les deux doubles du vêtement, dans le creux même de la poitrine ; le bout des doigts sortait seul de la draperie, pour abaisser, en le dissimulant et en le palpant à la fois, le collier attaché autour du cou. De toute façon, le péplos-ouvert, disposé sur le modèle, donne justement toute facilité pour faire rentrer les mains à l'intérieur du vêtement (car Pausanias parle

Fig. 77.
LE PÉPLOS-OUVERT, AVEC REPLI.
D'après un bronze grec
du Musée de Copenhague.

des deux mains) par la grande ouverture latérale et par
la très large emmanchure ménagée de l'autre côté, tandis
que la tunique cousue n'aurait permis aucun de ces mouvements.

Notre Figure 77 reproduit justement un de ces pieds de
miroir[1], ou l'on a pu être tenté de voir une figure d'Ériphyle : c'est un remarquable bronze grec du Musée de
Copenhague. Un détail de la pose mérite néanmoins que
l'on s'y arrête pour l'étude du péplos-ouvert. Le mouvement de la main droite appuyée sur la hanche semble
bien indiquer que le pouce y rencontre, entre les deux
bords latéraux de la grande ouverture, un point de résistance et de suspension où il s'accroche naturellement :
les bords seraient donc réunis et fermés par une attache.
C'est un petit problème dont nous avons parlé dès le
début, à propos de la Figure 73, comme n'étant pas sans
intérêt pour l'usage pratique et, je dirai, pour la convenance de ce costume féminin.

Le conservateur du Musée de Copenhague, consulté
par moi à ce sujet, a bien voulu me décrire, avec autant
de clarté que de compétence, ce que l'on observe sur le
bronze; il a même appuyé ses observations par l'envoi
d'un petit moulage partiel.

Il y a là un détail de technique dont il faut tenir
compte : le travail n'a pas été poussé à fond entre les
deux chutes de draperie, dans la partie creuse, qui
n'était pas « de dépouille », comme disent les mouleurs.
Le pouce n'est même pas terminé; mais on en voit l'a-
morce, dont l'écartement très marqué justifie notre
supposition d'un arrêt dû à quelque point d'attache
entre les deux bords du vêtement. Il est certain que

---

[1] RAYET. *Monuments de l'Art antique* III, pl. 9.

deux ou trois de ces attaches, plus ou moins dissimulées
sous les plis de l'étoffe, l'une surtout vers la taille, suffi-

Fig. 78. --- LE PÉPLOS-OUVERT AVEC LONG REPLI.
D'après une peinture de vase.

raient pour donner à ce costume quelque chose de la
convenance pratique dont les artistes avaient moins à
se préoccuper.

3. — LE PÉPLOS-OUVERT, AVEC REPLI SERVANT DE VOILE

L'aspect du péplos-ouvert se modifiait encore lorsque la longueur plus grande du repli dépassait la taille et recouvrait au moins la moitié de la hauteur totale[1]. Le vêtement prenait de la sorte un véritable caractère de noblesse et, si la beauté du tissu s'ajoutait à l'ampleur des proportions, cette seule pièce d'étoffe suffisait à composer un costume en rapport avec la majesté des déesses et des reines de l'épopée. Même dans les pays doriens, il y avait des villes florissantes où la puissance des chefs, la richesse des premières familles, l'activité industrielle de la population, avaient permis de bonne heure à l'ancien costume des femmes de se développer ainsi. Ce n'est pas sans intention assurément qu'Hérodote en cherchait le type chez les femmes corinthiennes plutôt que chez celles de Sparte.

Dans notre Figure 78, la rapidité du mouvement soulève les quatre angles de ce péplos à grand repli et permet de les compter à part. Le dessin est pris sur un vase[2] où l'on voit les Néréides, ces nymphes de la mer, courant de tous côtés donner l'alarme au moment où leur reine, la déesse Thétis, se défend en vain contre l'attaque du héros thessalien Pélée. Le nom de Psamathé désigne personnellement celle dont l'image nous sert ici d'exemple,

---

[1] Le mot *hémidiploïdion* paraît bien se rapporter à un châle de cette espèce, assez grand pour être replié en *demi-double*. Aristophane (*Assemblée des femmes*, 318) désigne ainsi le vêtement féminin dont le mari de Praxagora a été contraint de s'affubler; mais les multiples noms de vêtements, comiquement accumulés à ce propos, embrouillent singulièrement la question (cf. POLLUX, VII, 49).

[2] *Monum. dell' Inst. di corresp. archeol.*, I, pl. 38; S. REINACH, *Répertoire des vases peints*, I, p. 66, n° 2.

mais dont les draperies en mouvement ne prêtent pas à une pose sur le modèle vivant.

Il était nécessaire de trouver, pour ce développement du péplos, une étoffe de dimensions convenables. En la cherchant, j'ai pensé d'autre part aux effets de richesse et de couleur que les beaux tissus antiques ne pouvaient manquer de produire. Les yeux des archéologues et souvent ceux des artistes s'habituent trop facilement à ne voir dans la vie grecque autre chose qu'un défilé de silhouettes monochromes, comme dans les œuvres populaires de la céramique. C'est pourquoi notre éditeur a tenu, dans ce volume, à donner un assez grand nombre de planches en couleurs, qui aideront à combattre ce préjugé. Puisque nous avons prononcé, plus haut, le nom du peintre Polygnote, n'oublions pas qu'il a le premier inauguré dans le costume des femmes les teintes brillantes que les Grecs appelaient « couleurs fleuries [1] ».

Il y a des étoffes qui nous donnent à la fois la souplesse et la coloration des tissus antiques, tout en évitant la fantaisie et la surcharge de certaines broderies orientales; l'Inde, surtout, en a conservé la tradition. N'avons-nous pas vu, il y a quelques années, les études rapportées par le peintre Albert Besnard faire briller à nos yeux, jusque dans la foule encombrant les rues des villes hindoues, ces tons francs, verts, orangés, écarlates, avec bordures de couleurs variées? Dès l'Exposition Universelle de 1867, je m'étais procuré, pour mes expériences sur le modèle, un de ces riches tissus de l'Inde, une pièce écarlate, que bordent de larges bandes d'or fin, dont l'éclat très doux tempère la vivacité du fond. J'ai pu produire avec cette étoffe un rectangle,

---

[1] PLINE, *Hist. Nat.*, XXXV, 35.

presque un carré de 2 ᵐ 15 de haut sur 2 ᵐ 60 de large.

En essayant, dès le début, sur le modèle vivant cette magnifique variété du péplos, il m'est venu tout de suite à l'idée que l'ampleur du repli ne devait pas être un simple ornement, mais que les femmes grecques l'utilisaient pour se couvrir la tête et pour se voiler au besoin, comme d'une *calyptra* toute prête, tenant d'une seule pièce à leur manteau. J'ai même réalisé immédiatement le motif dans plusieurs poses de mon cours (Figures 79 et 81) sans avoir encore, pour ce péplos-ouvert servant de voile, aucun exemple tiré des monuments.

C'est le bel ouvrage de Collignon sur *Les Statues funéraires* qui est venu tardivement m'apporter la justification que je désirais. La stèle de Polyxéna [1], au Musée de Berlin, représente une femme qui s'est voilée ainsi avec le long repli du péplos-ouvert (Fig. 80). Il n'y a pas là une raison suffisante pour en faire une prêtresse : l'attitude voilée convient à une défunte, et la statuette que tient la main est une de ces terres cuites que les Grecs déposaient comme offrandes auprès des morts.

Dans la Figure 79, qui est assise, on remarquera la grande courbe naturelle dessinée par la bordure du repli, et, sous le voile improvisé, l'ouverture par laquelle le bras gauche se dégage de la draperie. Le tabouret d'atelier et la table mobile, servant à faire tourner le modèle pendant la leçon, laissent bien voir le caractère tout didactique de nos études; la présence de ce mobilier scolaire écarte le soupçon d'un mauvais pastiche de la vie antique.

Une des conséquences de ces recherches sur le vif est

---

[1] COLLIGNON, *Les Statues funéraires dans l'art grec*, Fig. 71, p. 132; Musée de Berlin, nᵒ 1504.

qu'elles permettent parfois de faire librement produire
à la draperie des motifs qui ne se retrouvent pas toujours

Fig. 79.   LE PÉPLOS-OUVERT, AVEC LONG REPLI SERVANT DE VOILE.
Posé sur le modèle vivant.

sur les monuments. C'est ainsi que la pose assise m'a
conduit, d'essai en essai, à la pose de la Figure 81, où
les deux bras du modèle élèvent au-dessus de sa tête le
voile formé par le seul repli.

Ici la construction du costume s'accuse avec une complète évidence. A droite de la figure, le côté ouvert du

Fig. 80. — LE PÉPLOS-OUVERT,
AVEC LONG REPLI SERVANT DE VOILE.
D'après une stèle funéraire.

péplos dessine la chute du repli, dont la partie antérieure reste suspendue en longue pointe de triangle. Cette remarquable disposition se trouve confirmée par la stèle de Polyxéna (Figure 80) que je ne connaissais pas encore.

Que l'on compare le bas-relief à la pose sur nature que
j'ai placée en regard (Figure 81), et l'on verra très bien

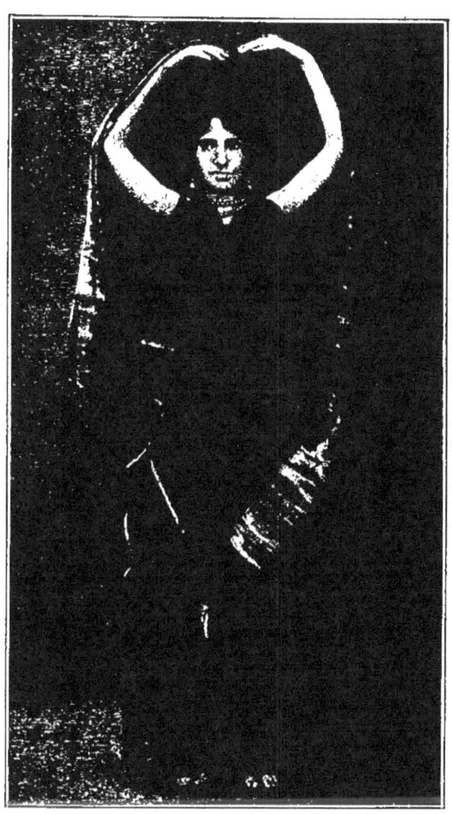

Fig. 81.   - LE PÉPLOS-OUVERT,
AVEC LONG REPLI SERVANT DE VOILE.
Pose sur le modèle vivant.

comment le mouvement oblique de l'étoffe a suffi pour
attirer l'angle du repli sur le devant de la figure et pour
produire l'effet triangulaire qui caractérise l'ajustement.
Seulement, la formation de la pointe tient au libre dépla-

cement de la draperie dans le péplos-ouvert ; si le vêtement était fermé sur le côté, on ne pourrait jamais obtenir la même disposition.

L'effet d'ensemble résultant de l'harmonieuse continuité des lignes était encore accentué par la couleur.
On peut s'en faire une idée d'après notre planche en
couleurs (hors texte, pl. IV), qui reproduit l'esquisse à
l'huile prise en 1872, pendant ma démonstration même,
par un élève de l'École des Beaux-Arts, Lucien Mélingue,
dont nous avons déjà publié une autre étude, à propos
du manteau des hommes (hors texte, pl. III). Dans la
salle de l'Hémicycle, où le jour tombe d'en haut, le
repli nimbé d'or, soulevé au-dessus de la figure, lui faisait
une brillante auréole, en même temps que la lumière
filtrait à travers le rouge de l'étoffe et augmentait encore
l'impression d'une apparition mythologique.

Une couleur aussi éclatante, surtout avec des bandes
d'or, ne permet guère de penser, en effet, aux dames
grecques de l'époque classique. Tels pouvaient être les
« *péploi* de pourpre marine » que les Nymphes tissaient,
dans leur grotte d'Ithaque, sur de « longs métiers de
pierre [1] ». Pindare fait briller l'or sur le péplos de Mnémo-
syne, la mère des Muses [2] ; Euripide nous montre aussi
Clytemnestre, dans son costume royal, vêtue d'étoffes
« tramées d'or [3] », ce qui s'accorde bien avec la technique
de notre étoffe de l'Inde, où la bande d'or est justement
tissée à même la trame.

---

[1] HOMÈRE, *Odyssée*, XIII, 108.

[2] PINDARE, *Isthmiques*, VI, 110.

[3] EURIPIDE, *Oreste*, 841.

LE PÉPLOS DE FEMME AVEC REPLI
Sur le modèle vivant.

4. — LE PÉPLOS-OUVERT, AVEC LONG REPLI ET CEINTURE

Lorsque le péplos-ouvert à long repli était dans sa position ordinaire, la femme qui le portait pouvait, par une modification toute naturelle, être amenée à en serrer les deux épaisseurs autour de sa taille à l'aide d'une ceinture. C'était un moyen de restreindre le flottement exagéré de la double draperie. L'ajustement prenait par là de l'analogie avec celui de la tunique; mais cette fausse apparence, qui se produisait surtout dans les poses tranquilles, ne saurait justifier le nom de « double khiton », employé quelquefois par les archéologues, sans plus de raison que l'expression antique de « tunique fendue ».

L'usage de la ceinture, posée de la sorte, est fréquemment adoptée par les artistes; les exemples en sont multiples et variés. Sur un vase attique, dont les peintures d'une rare élégance sont discrètement rehaussées de touches d'or, une scène pleine de mouvement représente les danses du cortège de Bacchus. Nous y avons choisi, pour notre Figure 82, la Ménade Antheia, qui, nonchalamment assise, semble présider aux évolutions de ses compagnes[1]. Le péplos à ceinture et à repli dont elle est vêtue a pris sur elle beaucoup de grâce et d'abandon. C'est aussi une des rares figures où les fibules sont remplacées par des épingles à têtes ornées, que le peintre céramiste n'a pas manqué de rehausser par une touche d'or.

La Fig. 83, placée en regard de la précédente, montre le même ajustement réalisé par une pose du modèle.

---

[1] DUMONT et CHAPLAIN, *Céramiques de la Grèce propre*, I, pl. XII p. 372; FURTWÆNGLER, *Collection Sabouroff*, pl. 55.

Cependant la ceinture, ainsi nouée sur le grand repli du péplos-ouvert, convenait en particulier à la représentation de certaines déesses d'un caractère actif et mili-

Fig. 82. — LE PÉPLOS-OUVERT, AVEC CEINTURE SUR LE REPLI.
D'après une peinture de vase.

tant et, plus qu'à toutes les autres, à Athéna. Dans une figure debout, très simple d'attitude, cet ajustement reprenait une grande sobriété de lignes, tout en gardant beaucoup de noblesse et de majesté. C'est évidemment la principale raison qui a déterminé Phidias à le choisir pour le colosse d'or et d'ivoire destiné au Parthénon.

Si l'on ne possédait, pour connaître exactement le

costume de l'*Athéna Parthénos*, que la description, faite pourtant *de visu*, par Pausanias, on pourrait croire que la déesse n'était vêtue que d'une simple tunique des-

Fig. 83. — LE PÉPLOS-OUVERT, AVEC CEINTURE SUR LE REPLI.
Pose sur le modèle vivant.

cendant jusqu'aux pieds, le *khiton podérès* des Grecs, la *tunica talaris* des Latins : « La statue », se contente-t-il de dire, « est debout, en tunique talaire[1]. » De la part d'un voyageur érudit, qui a vu des centaines de statues antiques, ce n'était vraiment pas la peine d'avoir franchi le seuil intérieur du Parthénon et d'avoir pu contempler

---

[1] PAUSANIAS, I, 24, 7.

de ses yeux une des grandes œuvres de la toreutique grecque, s'il devait ne nous donner de son costume que cette image aussi fausse qu'insuffisante.

En l'absence d'un texte précis, plusieurs monuments trouvés à Athènes, parfois dans l'enceinte même de l'Acropole, surtout des bas-reliefs de la meilleure époque, servant d'illustration et d'en-tête pour des actes publics, s'accordaient à reproduire le costume, en quelque sorte officiel, de l'*Athéna* de Phidias ; ils faisaient reconnaître, sans aucun doute possible, le péplos, qui était ouvert sur un côté, avec grand repli serré à la taille par une ceinture. Leur témoignage concordant a permis de bonne heure aux archéologues de retrouver alors des imitations à grande échelle, plus ou moins approchantes, dans quelques statues, particulièrement dans la statue du Louvre connue sous le nom de « *Minerve au collier* ». C'est le modèle qui, dès 1815, a guidé Quatremère de Quincy dans sa belle restitution [1]. Puis sont venues des confirmations encore plus directes, avec deux figures de ronde-bosse, une maquette grossière [2] et une grande statuette [3], ouvrages d'une époque avancée, mais qui sont des réductions pieusement fidèles, exécutées à titre d'ex-voto.

Comme modèle de l'ajustement, notre Figure 84 est esquissée de préférence sur la *Minerve au collier* du Louvre. Nous avons seulement modifié, d'après les statuettes athéniennes, la restauration du bras gauche et

---

[1] Quatremère de Quincy, *Jupiter Olympien* (1815), pl. VIII.

[2] FR. LENORMANT, *La Minerve du Parthénon*, dans la *Gazette des Beaux-Arts*, t. VIII (1860) ; COLLIGNON, *Hist. de la Sculpt. grecque*, I, p. 540, Fig. 272.

[3] HAUVETTE, *Bulletin de correspondance hellénique* (1881), p. 54 ; COLLIGNON, *Le Parthénon*, pl. 22.

le petit bouclier ovale, d'un effet si mesquin et si peu
antique, pour y substituer la main posée sur le grand
cercle du bouclier argien.

La sculpture grecque ne
craignait pas de déve-
lopper dans toute leur
ampleur ces accessoires,
redoutables symboles de
la puissance des dieux.

Ajusté ainsi, le péplos-
ouvert compose un cos-
tume d'une ordonnance
superbe, bien que sévère
et sans aucune super-
fluité. La ceinture, très
apparente, dégage le
torse, un peu comme le
ferait un ceinturon de
guerre. La grande ouver-
ture latérale forme sur
le côté droit une double
ligne d'ondulations, que
les angles du repli ac-
compagnent par une
courte retombée.

La statue du Louvre
présentait pourtant, sur
le bras droit, quelques
traces où l'on croyait re-

Fig. 84. — Exemple du péplos-ouvert
avec ceinture sur le repli.
D'après la « Minerve au collier »
du Musée du Louvre.

connaître l'emmanchure d'une tunique sous le péplos [1].
Le fait n'aurait eu en soi rien d'invraisemblable, en

---

[1] Clarac. *Musée de sculpture*, tome III de l'atlas, p. 319, n° 846.

confirmant l'usage de vêtement de dessus attribué parfois au péplos. Toutefois, M. Étienne Michon, qui a une si grande expérience des marbres du Louvre confiés à ses soins, ayant bien voulu examiner de près avec moi la statue originale, nous avons constaté que cette apparence d'emmanchure était produite par un mince bourrelet en plâtre, rajouté après coup, au ras de l'égide, pour amorcer la mauvaise restauration du bras.

Il y a enfin un dernier emploi du péplos-ouvert, avec ceinture sur le repli autour de la taille. C'est quand il est associé à la tunique de lin finement plissée. Il change alors de rôle et devient un véritable vêtement de dessus, un *épiblêma*, comme disaient les Grecs[1]. Cette superposition de deux costumes différents, déjà familière aux dames athéniennes, se voit sur des statues de très beau style, notamment sur quelques-unes des statues les plus célèbres d'Athéna. Nous en aborderons l'étude dans un chapitre à part (p. 212), après que nous aurons fait plus ample connaissance avec le costume ionien.

LE PÉPLOS FERMÉ

1. — LE PÉPLOS DEMI-FERMÉ

L'instinct de pudeur naturel aux femmes amena de bonne heure les femmes grecques à se servir de l'aiguille pour réunir et clore par une couture les deux lisières flottantes du péplos. Par cette modification, on obtint une forme nouvelle et beaucoup plus pratique du même vêtement, celle que nous appellerons le *péplos-fermé*. Les parties nues se trouvèrent complètement envelop-

---

[1] POLLUX, *Onomasticum*, VII, 49 et 50.

pées et couvertes par l'étoffe, qui conserva au besoin, suivant ses dimensions, la faculté d'être repliée, comme aussi d'être serrée par une ceinture.

Fig. 85. — EXEMPLE DU PÉPLOS DEMI-FERMÉ.
D'après une terre cuite peinte.

Il y eut pourtant une transition, un moyen terme : un *péplos demi-fermé.*

Dans quelques représentations mythologiques, on

voit encore la jambe nue ; le péplos n'est alors clos et cousu que dans sa partie supérieure, au besoin avec le repli s'il y en a un. Tel l'exemple que reproduit la Figure 85 ; mais c'est un être irréel, une Victoire en plein vol, d'après une figurine de terre cuite peinte. Or, il n'y a pas de déesse à laquelle les artistes aient prêté plus volontiers le libre costume des *phœnomérides*. Cette terre cuite, n'ayant pas de base, devait même être un de ces *oscilla* que l'on suspendait comme ex-voto et qui se balançaient au vent.

Pour la vie réelle, ce fut, au contraire, un notable progrès que de fermer par le bas la grande ouverture du péplos, depuis la hanche jusqu'aux pieds. C'est ce que montre la Figure 86, nouvel exemple emprunté aux statues d'Herculanum. Nous ne planons plus entre ciel et terre, avec une déesse ailée ; nous sommes dans les rues d'une ville grecque, et plutôt dorienne, comme on en comptait beaucoup en Sicile et sur les côtes de la Grande Grèce (ainsi Rhégion, qui était justement la patrie de l'éminent statuaire et fondeur Pythagoras, l'auteur présumé de ces bronzes).

Fig. 86.
EXEMPLE DU PÉPLOS
DEMI-FERMÉ.
D'après une statue de
bronze d'Herculanum.

Cette autre jeune fille, plus grande que la première, mais d'aspect encore plus juvénile, a été prise dans l'action d'agrafer sur son épaule droite l'une des deux fibules du péplos ; la fibule de l'épaule gauche est déjà en place. Pour mieux expliquer l'attitude, j'ai fait dessiner la statue de trois quarts, d'après un moulage [1]. La moitié inférieure du vêtement a ses deux bords cousus l'un à l'autre et tombe droit en forme de jupe, tandis que, plus haut, l'ancienne ouverture montre toujours à nu le dessous du bras et laisse même entrevoir le sein. D'ailleurs, il n'y en a que pour un instant et, dès que la fibule sera mise, les deux bords se rapprocheront assez pour couvrir ces parties nues. On constate aussi très bien qu'il n'y a pas de ceinture et qu'il n'existe aucune tunique intérieure sous le péplos. La même ou-

Fig. 87. — LE PÉPLOS-FERMÉ,
AVEC CEINTURE ET REPLI.
D'après une statue de bronze
d'Herculanum.

verture s'étend au repli, rabattu sur la poitrine et dans le dos. Vue de face, la statue montre également qu'ici le

______

[1] Dessin de M. ANDRÉ LAGRANGE.

châle, d'une largeur restreinte, contourne et serre de très près le haut du bras gauche et ne laisse pas de passage, pour que le coude rentre au besoin sous l'étoffe [1].

En résumé, nous avons là une attitude simplement empruntée à la vie de tous les jours ; mais l'artiste a su en tirer un effet très sculptural.

2. — LE PÉPLOS FERMÉ, AVEC CEINTURE ET REPLI

Encore quelques points de couture, et, sans autre modification, la pièce d'étoffe sera close dans toute sa hauteur. Le châle rectangulaire prend ainsi, autour du corps, la forme générale d'un cylindre, et cette disposition cylindrique s'étend au repli, qui, en se rabattant par-dessus, double dans le haut la gaine intérieure ainsi formée.

Quand le péplos s'ouvrait sur le côté, l'ajustement était nécessairement asymétrique. Maintenant, l'ouverture étant supprimée, il se distingue, au contraire, par une symétrie remarquable. Les fibules agrafées aux deux épaules déterminent pour les bras deux passages parfaitement égaux, dont les retombées elliptiques se contre-balancent l'une l'autre et se relient de face par une ligne d'un bel effet. Si, comme il arrive souvent, l'étoffe est un peu longue, la femme, par un mouvement instinctif, la remonte plus ou moins au-dessus de la taille et la serre par une ceinture. Ainsi se produit tout naturellement le renflement de plis bouffants auquel les Grecs donnaient le nom de *kolpos*. Il accompagne et soulève légèrement le bord arqué du repli.

---

[1] Voir le moulage à l'École des Beaux-Arts.

Tout le haut du corps se trouve ainsi largement enveloppé, tandis que le bas de la robe se resserre et tombe presque droit le long des jambes, à grands plis verticaux. Il y a là, entre les deux parties, un effet d'opposition, et la base naturelle de la figure y gagne en élégance. L'harmonie est complète avec le type de la femme tel que la sculpture grecque la concevait, type essentiellement jeune, au thorax bien développé, de manière à empêcher la saillie latérale des hanches de dominer l'aplomb du contour féminin.

Cette forme perfectionnée du péplos mérite d'être étudiée de très près, comme l'une des créations les plus heureuses de ce que l'on peut appeler, chez les Grecs, l'art du costume; elle en est peut-être le chef-d'œuvre.

Fig. 88. — LE PÉPLOS-FERMÉ, AVEC CEINTURE ET REPLI. Pose sur le modèle vivant.

L'étoffe qui m'a servi pour le péplos fermé est une

étoffe blanche, dont l'aspect grenu rappelle un peu le grain du marbre. Je l'ai achetée aussi à l'Exposition Universelle de 1867. Elle m'a été présentée comme fabriquée en Roumanie, dans les couvents de femmes, par les religieuses et pour leurs vêtements. J'ai pu en former un rectangle de 1 m 85 de haut sur 3 m 14 de large ; puis je l'ai fait coudre dans toute sa hauteur, par les deux bords opposés. Ainsi cousue, elle m'a suffi pour réaliser les variantes de l'ajustement.

¡Nous continuerons à trouver parmi les statues d'Herculanum un exemple à souhait. Celle que reproduit ici la

Fig. 89. — LE PÉPLOS-FERMÉ, AVEC CEINTURE ET REPLI.

D'après la frise du Parthénon au Musée du Louvre.

Figure 87 est l'image d'une femme qui, par un grand geste, élève très haut son bras droit au-dessus de sa tête [1]. C'est l'ampleur de ce mouvement qui a suggéré, à tort, l'idée d'une gesticulation faite pour accompagner la danse. On en juge différemment, si l'on a vu, comme en Italie et en Orient, où les habitudes de la vie rustique ont gardé leur simplicité première, les femmes porter sur la tête un vase ou quelque autre objet. Seulement l'auteur de la statue a supprimé cet accessoire encombrant et s'est contenté de le rappeler à la pensée par le mouvement du bras.

Aussi, dans la pose de notre Figure 88, ai-je mis sur la tête du modèle une hydrie antique, dont les deux anses latérales se prêtent à un pareil geste. Toutefois, en exa-

Fig. 90. — LE PÉPLOS-FERMÉ,
AVEC CEINTURE ET REPLI.
Pose sur le modèle vivant.

---

[1] COLLIGNON, *Histoire de la Sculpture grecque*, I, p. 424, Fig. 219.

minant de près le mouvement donné aux doigts, je pense maintenant que la statue était censée porter plutôt

Fig. 91.

une de ces hautes corbeilles à bords évasés, connues sous le nom de *calathos*. Une autre de ces statues a la main beaucoup plus abaissée et fait un geste plus anguleux; elle devait porter une corbeille plate, appelée *canoun;* c'était une *canéphore*. L'autre geste indique une *calathophore*, comme on en connaît plusieurs exemples ayant servi de cariatides.

La ceinture, bien placée, permet de tirer l'étoffe autant qu'il est nécessaire et de régulariser les grandes lignes du costume. Cependant le bras gauche, dans une direction opposée à celle du bras droit, relève le bas de la jupe, de crainte que les plis, ayant glissé quelque peu, n'embarrassent les pieds. Ce geste, de tout temps habi-

tuel aux femmes, contre-balance à merveille l'autre bras
et fait un heureux contraste avec la parfaite symétrie

du vêtement, sans
avoir aucune pré-
tention académi-
que; tout n'est dû
qu'à l'observation
attentive de la vie
journalière.

Je ne puis m'em-
pêcher de signaler
aussi, comme un
exemple excellent
du péplos - fermé,
une statuette en
bronze de notre
Cabinet des Mé-
dailles [1]. Ses bras
manquent, dessou-
dés malheureuse-
ment par un long
séjour dans la terre
humide. Elle avait
naguère des lèvres
d'argent, par trop
saillantes, du
moins pour le goût
d'un ancien con-
servateur, qui n'a

Fig. 92.
LE PÉPLOS FERMÉ SERVANT DE VOILE.
Pose sur le modèle vivant.

pas vu que ce devait être la figure d'une joueuse de
double flûte dont la bouche gonflée soufflait dans les

---

[1] BABELON et BLANCHET, *Catalogue des Bronzes*, p. 453, nᵒ 104.

tuyaux de l'instrument. Il a cru bien faire de supprimer les lèvres d'argent, comme une restauration mala-
droite. Je possède de la statuette un bon moulage peint,
fait avant cette mutilation.

Un autre exemple, célèbre entre tous, nous est donné,
sur la frise du Parthénon, par les jeunes filles, représentées de profil, qui marchent deux à deux, presque en
tête de la procession des Panathénées. Le Musée du
Louvre possède justement une des plus belles plaques
originales; nous en avons tiré notre Figure 89. On croit
reconnaître ici les *ergastines* [1] qui, appartenant souvent
aux meilleures familles d'Athènes, étaient choisies pour
tisser le péplos offert à la déesse.

Le péplos-fermé est pour elles comme une sorte d'uniforme et de vêtement sacré. Il y a là un démenti ou, tout
au moins, une curieuse dérogation à la prétendue loi
qui aurait imposé aux Athéniennes l'usage exclusif de
la tunique de lin. L'attitude de profil accuse bien la
légère saillie du *kolpos* et le large entrebâillement sous
la draperie. Il faut noter, de plus, un voile à part, une
simple *kalyptra*, qui tombe droit par derrière et dont
les deux angles supérieurs ne sont que jetés sur les
épaules [2], ainsi que la Figure 90 le fait comprendre par
la pose du modèle.

Cela prouve que ces jeunes filles ne se voilaient pas
du repli de leur péplos, bien que cela fût possible avec
le péplos-fermé comme avec le péplos-ouvert, ainsi que
nous allons le démontrer.

---

[1] COLLIGNON, *Le Parthénon*, Fig. 73; *Histoire de la sculpture grecque*, II,
Fig. 28.

[2] Les canéphores qui supportent la tribune de l'Érechthéion comme
cariatides, ont aussi une *calyptra*, mais agrafée aux fibules mêmes du
péplos et rabattue par derrière, avec repli assez long pour recouvrir au
besoin la corbeille posée sur la tête.

3. — LE PÉPLOS FERMÉ SERVANT DE VOILE

Nous pouvons encore recourir aux statues d'Herculanum : celle que donne en exemple la Figure 91 a
saisi de ses deux mains écartées les bords extrèmes du repli, et l'on prévoit qu'elle va le relever pour se couvrir la tête. Les prémisses de l'action en disent la conséquence. C'est un geste naturel, qui n'est pour cela ni moins beau ni moins expressif. Les deux angles du repli étant, comme le reste du vêtement, réunis par la couture, toute cette partie formera un cercle continu et une sorte de cloche qui se rabattra autour du visage.

Fig. 93. — LE PÉPLOS-FERMÉ SERVANT DE VOILE.
D'après une statuette de bronze
du Musée du Louvre.

La pose de la Figure 92 qui fait pendant à la
statue, produira, je pense, la même impression.

Il ne faut pas cependant nous contenter d'une apparence, si évidente qu'elle soit. Un petit bronze du Louvre (Figure 93) nous apporte la confirmation absolue de ce que nous faisait attendre la statue d'Herculanum :

Fig. 94.
LE PÉPLOS FERMÉ SERVANT DE VOILE.
Pose sur le modèle vivant.

il représente une femme qui, de sa main droite, tient le repli de son péplos sur sa tête, tout en se découvrant largement le visage[1]. Adrien de Longpérier, dans son *Catalogue des bronzes*, y voit, sans raisons suffisantes, une Coré. Un défaut est à signaler dans cette petite statuette : la main gauche, imparfaitement modelée, est beaucoup trop grande ; mais c'était, je crois, pour mieux tenir soudée une patère, qui dissimulait ce défaut et qui a disparu. Le geste paraît indiquer plutôt une simple adorante, faisant la libation. Les autres parties, bien

---

[1] A. DE RIDDER, *Bronzes antiques du Louvre*, pl. 26, n° 297.

étudiées, attestent une bonne époque. Le modèle a donné la même pose et le même ajustement (Figure 94).

Ici, je me servirai encore de la même statuette, mais retournée, parce que, vue de dos, elle nous révèle un détail très rare et très intéressant à connaître (Figure 95). Le voile relevé laisse paraître une seconde ceinture, placée un peu plus haut que la première et destinée sans doute à servir également de régulateur pour les plis bouffants du *kolpos*. Il faut supposer cette ceinture dans beaucoup d'autres représentations, en la considérant comme cachée par le repli.

Fig. 95. — LE PÉPLOS FERMÉ SERVANT DE VOILE, VU PAR DERRIÈRE.
D'après une statuette de bronze du Musée du Louvre.

On s'étonnera peut-être que je n'aie pas signalé tout d'abord, comme exemple du péplos-fermé servant de voile, le superbe motif de Héra se dévoilant devant

Zeus, sur la frise du Parthénon. On sait que le couple olympien ne faisait pas toujours très bon ménage ; mais dans une fête solennelle comme les Panathénées, chez un peuple aimé des dieux comme celui d'Athènes, la réconciliation s'imposait.

Seulement, au sujet du costume, le groupement des deux divinités, assises l'une auprès de l'autre, produit quelque incertitude. Les genoux de Zeus viennent couper sur un point le grand cercle, que le repli du péplos devrait former, sans interruption, autour de la tête et du buste de la déesse ; cela empêche de reconnaître s'il ne serait pas plus exact de songer ici soit au péplos-ouvert, soit à une *calyptra* séparée.

Notre Figure 96, dessinée avec beaucoup d'attention [1] d'après les anciens moulages du marquis de Nointel, ne dissipe pas encore tous les doutes. La pose du modèle,

Fig. 96. — LE PÉPLOS FERMÉ SERVANT DE VOILE.
D'après la frise du Parthénon.

---

[1] Dessin de M. JULIEN DETURCK. — Pour la figure du Parthénon, voir COLLIGNON, *Histoire de la sculpture grecque*, II, Fig. 24.

représentée en regard par notre Figure 97, nous apporte pour le moins un témoignage indiscutable : elle prouve que cet admirable motif a été réalisé de fait, suivant le système du péplos-fermé, avec notre étoffe roumaine, cousue d'avance sur deux de ses bords, comme je l'ai indiqué plus haut. L'œil saisit bien le grand effet d'unité qui domine tout le mouvement de la draperie.

Après Phidias, le péplos-fermé continue à figurer dans les créations des artistes grecs. Il reste le vêtement rituel de certaines personnes qui prennent part aux cérémonies du culte. Ainsi,

Fig. 97. — LE PÉPLOS-FERMÉ SERVANT DE VOILE.
Posé sur le modèle vivant.

pour les célèbres canéphores qui soutiennent l'élégante tribune de l'Érechthéion, aucun autre costume ne pouvait mieux convenir, par la symétrie et par l'aplomb de ses lignes, à ce rôle de colonnes vivantes. Nous voyons l'usage du péplos se prolonger aussi dans les compositions qui représentent des sujets de la mythologie ou de la légende. Cependant les artistes cherchent de plus en plus à obtenir, par divers moyens, un peu d'imprévu et de variété, ce qui risque d'atténuer l'effet d'ensemble du vêtement, surtout quand ces motifs ne sont que des combinaisons purement artificielles. Sur beaucoup de figures (rappelons comme exemple celles qui décorent la balustrade du petit temple de la Victoire Aptère), le péplos disparaît, on peut le dire, dans le jeu des draperies, tant le mouvement des plis change le caractère et détruit l'originalité propre de l'antique costume gréco-dorien. On voit venir le moment où la sculpture, renonçant au péplos, même pour les images d'Athéna, choisira des ajustements plus libres et plus mobiles.

VI

LA TUNIQUE DE LIN

DES FEMMES GRECQUES

OU TUNIQUE IONIENNE

A. — L'AJUSTEMENT

Fig. 98. — COSTUMES DE FEMMES.
D'après une stèle attique.

Anciennement, le lin n'était pas cultivé en Grèce. En Égypte, au contraire, il le fut de bonne heure et de là il se propagea facilement en Palestine et en Syrie, puis en Carie[1] d'où il passa chez les Ioniens et dans les îles voisines. De même, vers l'Ouest, il suivit la côte de la Méditerranée et atteignit Carthage. Les galères phéniciennes et carthaginoises le transportèrent dans les colonies grecques, en Sicile par exemple, et

---

[1] Cf. le texte d'Hérodote, déjà cité, V, 87-88.

jusque dans certains cantons de la Grèce continentale ;

mais le sol de l'Attique, sec et pierreux, ne paraît en avoir jamais acclimaté la culture. Dans beaucoup de villes grecques, le lin était importé, soit en écheveaux de fils, soit en pièces d'étoffes déjà tissées, quelquefois, peut-être, sous forme de vêtements fabriqués d'avance. A chaque arrivage, il était vendu dans les rues, par des gens que le dialecte dorien désignait sous le nom de *linokarukès*[1], c'est-à-dire « crieurs de lin ».

Fig. 99. — L'AJUSTEMENT DE LA TUNIQUE DE LIN.
D'après une peinture de vase.

Le mot grec *khiton* est certainement dérivé, comme nous l'avons dit plus haut, d'un mot sémitique (en araméen *kittâna*, « toile de lin », en syrien *kouttina*, en hébreu *kouttônet*,

----

[1] Hésychius à ce mot : Λινοκάρυκες, οἱ τὰ λίνα πωλοῦντες.

« tunique de lin »). Dès le temps d'Homère, il était d'un usage courant chez les Grecs, pour la tunique des hommes, laquelle devait, en conséquence, être de lin, bien que le poète ne le dise pas expressément.

Cependant, le mot cessa peu à peu de s'appliquer à la matière et finit par désigner surtout la forme du vêtement. Hérodote mentionne déjà lui-même le khiton de laine [1] et Aristophane cite comme

Fig. 100. — LA TUNIQUE DE LIN AJUSTÉE.
Pose sur nature, de profil.

vêtement de dessous un chaud khiton de laine velue [2].

---

[1] HÉRODOTE, I 195 : Εἰρίνεον χιθῶνα.
[2] ARISTOPHANE, *Ran.* 1067 : Χιτῶνα... οὔλων ἐρίων.

Quant au costume des femmes à la belle époque de l'art grec, il faut s'en rapporter de préférence aux stèles funéraires attiques du même temps (Fig. 98). Les dames athéniennes y portent toutes le khyton ionien, la tunique de lin à petits plis; mais les femmes de leur entourage, servantes, nourrices, sont plus simplement vêtues et conservent assez souvent l'ancien péplos gréco-dorien[1]. Dorisme et ionisme, les artistes ont déjà cessé de considérer ces différences comme une question de race et de tribu : ce sont pour eux les deux formes, je dirai les deux pôles de l'art grec, qu'ils opposent l'un à l'autre et combinent même volontiers pour en tirer un effet de contraste. Ainsi le célèbre bas-relief de Déméter et de Coré[2], trouvé à Eleusis, nous montre la mère sévèrement vêtue du péplos dorien, tandis que la jeune déesse porte la tunique ionienne dans toute son élégance. De même en architecture, l'ordre dorique du fronton et du péristyle s'associe à l'ordre ionique, réservé aux parties intérieures de l'édifice. Au théâtre également, dans les tragédies, si les auteurs conservent pour le dialogue la finesse du parler attique, ils se font une loi d'emprunter pour les chœurs la sonorité puissante et grave du dialecte dorien.

La forme première de la tunique de lin, avant l'ajustement, est toujours, comme pour le péplos, la forme rectangulaire de la pièce d'étoffe détachée du métier à tisser. Ensuite, on réunit par une couture les deux bords latéraux du rectangle. On pouvait même, au besoin, si l'étoffe manquait de largeur, joindre ensemble deux pièces semblables, ce qui donnait quand même un plan

---

[1] CONZE, *Die attischen Grabreliefs*, pl. LXV, n° 280.

[2] COLLIGNON, *Histoire de la sculpture grecque*, II, Fig. 68, p. 141.

rectangulaire. Entre les deux bords supérieurs, on laisse alors, vers le milieu, une ouverture assez large pour le passage de la tête; puis on les réunit sur les épaules et le long des bras jusqu'au-delà des coudes par une double série de petites fibules, régulièrement espacées, qui ajoutent beaucoup à la grâce de l'ajustement. Deux passages assez étroits laissent enfin les mains et les avant-bras sortir de la draperie. Cette disposition, lorsque les bras retombent le long du corps, forme d'amples emmanchures de l'effet le plus heureux. Les fibules sont quelquefois remplacées par quelques points de couture, ce qui produit un effet plus simple, sans détruire cependant la beauté des courbes qui se rabattent sur les côtés. La ceinture ajoute encore à cet aspect, et, comme l'étoffe est souvent assez longue, le vêtement, doublé en son milieu, forme un repli qui descend au-dessus des genoux et remplace le bourrelet saillant du kolpos.

Les étoffes de lin, à cause de leur nature un peu raide et de leur légèreté même, subissant moins que celles de laine l'action de la pesanteur, il en résulte qu'elles ne drapent pas très bien et ne tombent pas naturellement à grands plis profonds. Pour cette raison, les anciens avaient pris le parti de briser par un grand nombre de petits plis les tuniques qui en étaient faites. Ils ne paraissent pas avoir connu l'usage du fer à repasser; mais il existe encore, dans quelques-unes de nos campagnes, sous le nom de *plissage à l'ongle*, un procédé traditionnel, par lequel les paysannés plissent patiemment à la main certaines parties de leur bonnets et surtout les surplis et les aubes que les prêtres portent à l'église; puis, pour que les plis se maintiennent, on garde ces vêtements pliés en longueur, pendant plusieurs jours, après les avoir serrés et noués avec des rubans. Or, c'est là, je crois, le meilleur commentaire d'un passage de Pollux [1] resté assez douteux.

D'après ce texte, on appliquait à la tunique l'épithète de *stolidôtos*, quand elle présentait des *stolidès*, c'est-à-dire « des plis surajoutés artificiellement *(épiptukhas)* sous la pression d'un lien *(hupo desmou)* aux extrémités des tuniques, surtout des fines tuniques de lin ».

On aimerait trouver chez les auteurs grecs des mesures de vêtements indiquées en chiffres précis. Je n'en connais qu'un exemple ; il est de Platon, dans une de ses lettres à Denys de Syracuse, et s'applique juste-

Fig. 101. – L'AJUSTEMENT DE LA TUNIQUE DE LIN.
D'après une peinture de vase.

---

[1] POLLUX, VII, 54. Cf. XÉNOPHON, *Cyropéd.* VI, 4, 1.

ment à la tunique de lin. Le philosophe parle d'une somme d'argent que son correspondant lui avait confiée, en vue de certaines libéralités ; il propose à Denys d'offrir en don à chacune des trois filles, évidemment peu fortunées, d'un ancien disciple de Socrate, nommé Cébés, une tunique de lin « de sept coudées, non pas, ajoute-t-il, de ces tuniques d'un grand prix que l'on tissait dans l'île d'Amorgos, mais de celles plus ordinaires qui se fabriquaient avec le lin de Sicile[1] ». Sept coudées attiques, c'est-à-dire trois mètres, dimension prise en largeur, tout autour du vêtement ; en effet, dans le tissage, c'est

Fig. 102. — LA TUNIQUE DE LIN AJUSTÉE.
Pose sur nature, de face.

----

[1] PLATON, *Lettres*, XIII.

la dimension en largeur qui a des limites, à cause des fils de la trame, tandis que ceux de la chaîne peuvent toujours s'allonger autant qu'il est nécessaire.

L'étoffe que j'ai employée pour ajuster la tunique de lin sur le modèle est une légère mousseline de l'Inde, à fond blanc, semée de petites fleurs roses. Elle est tirée d'une ancienne robe du temps de l'Empire. J'en ai formé un rectangle de 1 ^m 68 de long, sur une largeur de 2 ^m 68, un peu moindre que celle des tuniques offertes aux filles de Cébés, mais encore suffisante. J'ai fait coudre ensuite, dans le sens de la longueur, les deux côtés opposés du rectangle ; alors on a plissé le tout dans le même sens, suivant le procédé du *plissage à l'ongle*, puis on l'a maintenu pendant plusieurs jours, serré par des liens.

Deux exemples pris sur des vases peints nous montrent deux jeunes femmes qui arrangent sur elles leur tunique de lin ; cela peut nous dispenser de tout schéma pour en faire comprendre l'ajustement.

La Figure 99 représente de profil une femme qui a pris naïvement dans sa bouche le milieu de son vêtement[1] et qui le tient ainsi, relevé au-dessus de la ceinture, pour le rabattre ensuite plus bas que la taille. L'étoffe est aussi retroussée sur les bras nus ; car les emmanchures ne sont pas encore fermées par les deux rangs de petites fibules, et la tunique paraît seulement fixée d'avance sur chaque épaule par un point de couture. Dans la Figure 100, placée en regard, l'opération est terminée ; le modèle nous fait voir, par une pose également de profil, la tunique rabattue jusqu'au-dessus des genoux et les petites fibules régulièrement épinglées pour former les emmanchures.

La Fig. 101 nous donne un second exemple de la femme

---

[1] *Gazette archéologique*, V (1879), pl. 23.

nouant sa ceinture[1]. Seulement, ici, les emmanchures sont dessinées avec une précision un peu archaïque et la disposition ne pourra produire autour de la taille qu'un léger renflement comme celui du *kolpos*. Au sujet de la Fig. 102, je raconterai que mon ami, le sculpteur Chapu, assistait ce jour-là à un de mes essais ; voyant le modèle

Fig. 103. — LA TUNIQUE DE LIN AJUSTÉE PAR DES BRIDES.
D'après une peinture de vase.

que j'avais drapé dans la tunique finement plissée, il a pris plaisir à le poser lui-même et lui a donné cette attitude gracieuse qui en fait une véritable statue vivante. La pose met aussi en valeur les effets de la tunique de lin et justifie le système de plissage dont j'ai parlé plus haut.

Les dames grecques trouvaient même parfois le

---

[1] FURTWÆNGLER, *Griechische Vasenmalerei*, pl. 23.

moyen de rétrécir la grande ampleur des emmanchures en retenant l'étoffe sous les bras et autour des épaules par une sorte de bride. La Figure 103 nous offre deux exemples de cet artifice de toilette, appliqué à des tuniques de lin [1].

B. — LA GRANDE TUNIQUE IONIENNE AVEC REPLI

La tunique de lin avait des dimensions très variables. Les tuniques les plus grandes laissent souvent dépasser, tout autour de leur bord supérieur, une partie excédante et comme une sorte de volant, qui se rabat un peu au-dessus de la poitrine, tombe aussi dans le dos, suit la ligne des emmanchures et se recourbe élégamment au dessous des avant-bras. Cela donne à l'ajustement beaucoup de richesse.

En cherchant une étoffe pour reproduire le même effet sur le modèle, j'ai pensé d'autre part que le plissage à la main pouvait être remplacé par un tissu rétractile, qui se rétrécissait de lui-même. Je me rappelle avoir vu à Constantinople une fine étoffe de ce genre, dont les bateliers du Bosphore aiment à revêtir leurs fortes épaules et leurs bras robustes. Le hasard m'a fait rencontrer quelque chose d'analogue à Paris, chez un marchand d'étoffes orientales. Il ne possédait qu'un seul coupon de cette étoffe et n'a pu me dire de quel pays elle provenait; je n'en ai jamais retrouvé de pareille. Il est vrai que c'est un tissu de soie; mais on pouvait certainement, avec du lin très fin, obtenir un résultat tout semblable. Je crois que les fils de la chaîne s'entrecroisent de place en place et dessinent, quand on les écarte, des mailles

---

[1] GERHARD, *Apulische Vasenbilder*, pl. D. FURTWÆNGLER, *o.c.*, pl. 30.

en forme de losanges, qui s'ouvrent et se referment suivant la tension plus ou moins grande produite par les mouvements du corps. J'explique ainsi un texte très obscur, relatif aux tuniques de cérémonies « tissées en losanges *(rhombois huphanta)* », que portaient les riches Ioniens aux fêtes de l'Artémis d'Éphèse [1].

La Fig. 104 permettra de juger du bon effet de l'étoffe

Fig. 104. — LA GRANDE TUNIQUE IONIENNE A REPLI.
Pose sur nature.

[1] Τὰ δὲ τῶν Ἰώνων ἰοβαφῆ καὶ πορφυρᾶ καὶ κρόκινα ῥόμβοις ὑφαντά. ATHÉNÉE, XII, 29. — On a pensé d'abord, sans en trouver d'exemple, que ces *rhomboi* étaient des métiers d'une forme particulière. D'autres commentateurs ont vu là une disposition en losanges des couleurs différentes, du violet, du pourpre, du jaune, qui distinguaient ces tuniques; mais le mot est lié trop étroitement au verbe ὑφαίνειν pour ne pas se rapporter au tissage même.

ajustée sur le modèle et de suivre les détails de l'ajustement.

Cette grande tunique ionienne prête son charme à plusieurs belles statues antiques ; mais elle y est en partie recouverte par un vêtement de dessus. Portée seule, avec ou sans repli, elle caractérise quelques danseuses représentées sur les vases peints, dans des poses très animées.

La Fig. 105 nous montre une femme qui danse en se retournant et en élevant les bras au-dessus de sa tête. Ce mouvement laisse très bien voir le repli qui tombe dans le dos et sur le côté, mais le même mouvement a fait descendre les emmanchures et les bras sont nus. La Figure 106 reproduit cette pose aussi exactement que possible.

Fig. 105.

LA GRANDE TUNIQUE IONIENNE A REPLI.

D'après une peinture de vase.

L'ampleur et la souplesse de l'étoffe ont permis à la

danseuse de notre Fig. 107 de saisir, au contraire, dans

ses mains
l'extrémité
des deux em-
manchures [1]
et de se cou-
vrir complè-
tement les
bras, qui,
ainsi enve-
loppés, don-
nent un peu
l'impression
de deux ailes
ouvertes.
Sur la pein-
ture de vase
originale,
d'où cet
exemple est
tiré, auprès
de la même
femme se
dresse un
hermès de
Bacchus,
vers lequel
elle se re-
tourne, et,
comme elle
porte sur sa

Fig. 106. — La grande tunique ionienne a repli.
Pose sur nature.

tunique une *pardalide*, on doit en conclure que c'est une

---

[1] Dumont et Chaplain, *Céramiques de la Grèce propre,* ' 12-13.

14

Bacchante [1]. Il faut reconnaître là, suivant toute probabilité, une danse bachique. La Fig. 108 reproduit sur le modèle la pose et le costume, moins la peau de panthère. Un autre vase, très petit et mo-

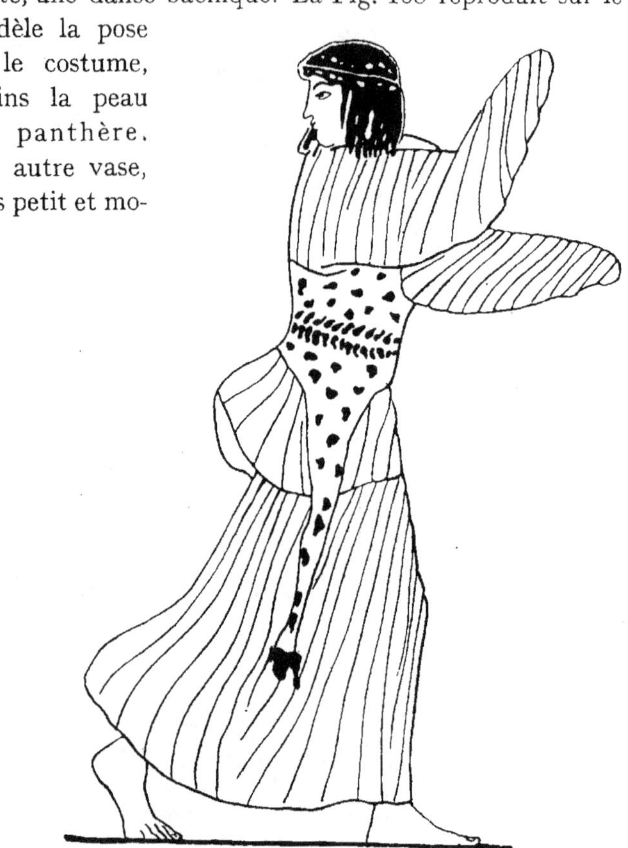

Fig. 107. — LA GRANDE TUNIQUE IONIENNE.
D'après une peinture de vase.

delé en forme d'osselet [2], porte plusieurs images minuscules des mêmes danseuses, si curieusement attifées.

---

[1] DE WITTE, *Collection de l'Hôtel Lambert*, pl. XV, 4.
[2] FURTWÆNGLER-HAUSER, *Griech. Vasenmalerei*, pl. 136.

Fig. 108. — La grande tunique ionienne.
Pose sur nature.

C. — LA TUNIQUE IONIENNE
PORTÉE AVEC DIVERS MANTEAUX

Fig. 109.

LA TUNIQUE IONIENNE
AVEC MANTEAU AGRAFÉ A GAUCHE.
D'après une peinture de vase.

Les femmes grecques portent la tunique de lin avec diverses sortes de manteaux.

1º Il y en a un qu'elles associent plus spécialement à cette tunique : c'est un châle agrafé en écharpe sur l'une des épaules. La Fig. 109 en représente l'ajustement sur l'épaule gauche [1]; c'est une image d'Aphrodite dans la scène de Ménélas menaçant Hélène.

Le modèle porte le même manteau (Fig. 110), mais agrafé en sens contraire, sur l'épaule droite, ce qui peut paraître anormal, bien que les monuments, statues et peintures de vases, nous en offrent beaucoup d'exemples. Il y a même, sur les vases peints, des scènes où deux femmes, vêtues de ce manteau, l'ont agrafé, l'une à gauche, l'autre à droite [2].

---

[1] *Museo Gregoriano*, II, pl. 5.

[2] DE WITTE, *Collection de l'Hôtel Lambert*, pl. XVI.

Ce châle,
agrafé oblique-
ment sur une
seule épaule,
est souvent
assez long ; il
tombe parfois
jusqu'aux
pieds, avec un
repli qui des-
cend plus bas
que la partie
tendue en
écharpe. On re-
marquera que
les deux bords
supérieurs de
ce repli conti-
nuent à être
réunis sur le
haut du bras,
comme la tu-
nique, soit par
un rang de
petites fibules,
soit par quel-
ques points de
couture. On
dirait qu'on a
voulu harmo-
niser ainsi le

Fig. 110. — LA TUNIQUE IONIENNE
AVEC MANTEAU AGRAFÉ A DROITE.
Pose sur nature.

vêtement de dessus avec la tunique ionienne et faire également un manteau ionien ; mais, du côté droit, cet

arrangement gêne, sans toutefois le paralyser, le bras qui reste ordinairement tout à fait libre pour l'action.

Fig. 111.
LA TUNIQUE IONIENNE
AVEC MANTEAU AGRAFÉ A DROITE.
D'après une statue.

Les petites statues qui forment les acrotères du temple d'Égine, portent ce costume compliqué et différent aussi entre elles par la direction inverse de leurs manteaux. Au sommet d'un temple, cette disposition peut résulter d'une concordance architecturale avec les deux pentes opposées du fronton. Nous avons choisi pour exemple (Fig. 111) une de ces statues dont le manteau s'agrafe sur l'épaule droite[1]. La Figure 112, placée en regard, montre, par la pose du modèle, la possibilité de cet ajustement. On ne saurait toutefois réaliser sur la nature certains détails conventionnels de l'archaïsme, comme cette rangée de zigzags qui enjolive la partie du manteau serrée en écharpe.

L'afféterie des petites fibules, sur le bras droit, devient une mode constante dans le costume des statues peintes découvertes à l'Acropole

---

[1] BLOUET, *Expédition de Morée*, III, pl. 70.

Fig. 112.

LA TUNIQUE IONIENNE
AVEC MANTEAU AGRAFÉ A DROITE.

Pose sur nature.

d'Athènes, près de l'Erechthéion et représentant, comme il est vraisemblable, les jeunes filles attachées à ce sanctuaire sous le nom d'*Arrhéphores* (voir les figures 8 à 10). La polychromie permet de distinguer avec une netteté particulière les différentes pièces du costume[1]. Ainsi, la couleur verte de la tunique, sur l'épaule gauche, tranche avec la blancheur du manteau et de son repli, constellés, l'un et l'autre, des mêmes fleurons cruciformes, ce qui empêche de voir là, comme on l'a fait, un second manteau superposé au premier[2].

Il y a cependant une difficulté causée par l'interruption de la bande médiane que la main gauche relève par le bas. On ne s'explique pas bien qu'il n'en reste aucune trace sur le haut du manteau, disposé en écharpe. Le peintre aurait-il pris la liberté de ne pas la prolonger, pour éviter l'effet désagréable, d'une raie de couleur croisant ces plis serrés obliquement les uns contre les autres ? Je suppose plutôt qu'un simple procédé de tissage faisait que la bande ne se reproduisait pas à l'envers de l'étoffe retournée.

Mon ami Homolle me suggère aussi l'hypothèse que l'une des bordures latérales, ramenée en avant et fixée dans la ceinture, pouvait remplacer ce que nous considérons comme une bande médiane.

Parmi les statues d'un art tout-à-fait développé, on peut citer l'Athéna dont il existe plusieurs répétitions, l'une à la villa Albani, une autre au Musée de Naples[3]. Elle porte la grande tunique ionienne à repli, sous un

---

[1] Notre planche I hors texte reproduit celle que PERROT a publiée en couleurs, dans son *Histoire de l'Art dans l'antiquité*, VIII, pl. V.

[2] On a même proposé, comme nom spécial de ce second manteau, le mot *épiblêma*, qui est au contraire un terme très général, pouvant s'appliquer à toutes sortes de manteaux.

[3] *Museo Borbonico*, IV, pl. 7.

ample manteau, rabattu en double, qui vient s'agrafer
à droite, mais en un seul point, le sculpteur ayant évité

de gêner par une série
de fibules le mouve-
ment du bras droit.

2º Il est curieux de
voir aussi la tunique
ionienne associée à
l'ancien péplos, comme
on peut le constater
sur la frise du Parthé-
non. A l'angle Nord-
Est de la façade orien-
tale, en pendant aux
Ergastines de l'angle
Sud-Est, déjà décrites,
s'avançait un autre
groupe de jeunes filles,
vêtues pareillement
du péplos fermé, avec
cette différence que
leurs bras, au lieu
d'être nus, portent
l'étoffe finement plis-
sée et les petites fi-
bules du khyton de
lin. Si les deux côtés

Fig. 113. — LA TUNIQUE IONIENNE
AVEC PÉPLOS FERMÉ.
D'après un buste de terre cuite.

opposés de la frise représentent, comme cela est vraisemblable, les deux flancs d'un même défilé, il faut en conclure que nous avons là encore des *Ergastines*. Seulement, celles-ci, appartenant à de meilleures familles,
portaient, sous le vêtement rituel, la tunique alors à la
mode, tandis que les autres, non moins habiles ouvrières,

Fig. 114. — LA GRANDE TUNIQUE IONIENNE
AVEC LE MANTEAU.
D'après une statue.

mais de condition plus modeste, se contentaient du simple péplos. Le Musée britannique ne possède de cette portion de la frise que des fragments très mutilés, suffisants toutefois pour confirmer la combinaison des deux costumes.

Je préfère donner pour exemple un petit buste de terre cuite, provenant d'Athènes (Fig. 113). Une jeune femme tient ses deux bras enfoncés dans le péplos fermé. On aperçoit bien, par les larges entrebâillements des emmanchures, les petits plis d'un vêtement de dessous, qui est la tunique de lin[1]. Ce buste serait celui de Coré, la fille de Déméter, représentée au moment où, chaque année, elle émerge du sol, avec la

---

[1] DEMOTTE, *Musée du Louvre depuis 1914*, II, pl. 75 (article d'ED-MOND POTTIER).

végétation du printemps. Elle protégeait ainsi ses mains et ses avant-bras nus contre l'humidité et le froid de la terre. Il importe de rappeler surtout les exemples offerts par plusieurs statues d'Athéna, qui conservent, comme vêtement caractéristique, le péplos ouvert, mais y ajoutant par dessous la tunique ionienne, pour faire une

Fig. 115. — LA GRANDE TUNIQUE IONIENNE
AVEC LE MANTEAU.
Pose sur nature.

part, en cela du moins, à la mode courante.

3° Nous avons déjà eu l'occasion de voir la tunique de lin associée à un himation, semblable au manteau drapé des hommes[1]. C'était, d'après les stèles funéraires attiques, la mode généralement adoptée par les dames athéniennes à la belle époque de l'art. Les autres œuvres de la sculpture et les peintures des vases nous offrent aussi beaucoup d'exemples de cet assemblage, même dans le costume des déesses.

Notre Fig. 114 est photographiée d'après la prétendue Sapho de la villa Albani[2]. Cette belle statue porte la grande tunique ionienne à repli et le manteau drapé des hommes. Seulement, la coquetterie féminine le dispose en sens inverse : l'extrémité, au lieu d'être rejetée dans le dos, tombe en avant, par une légère chute de draperie qui laisse voir à découvert le fin khiton de lin avec le jeu du repli. Ces détails, que l'on retrouve également dans l'Athéna du Musée Capitolin[3], sont réalisés sur nature par la pose du modèle (Fig. 115).

Fréquemment aussi, sur les peintures de vases, on voit l'himation replié plusieurs fois dans le sens de la longueur, et reposant en arrière sur les deux bras, comme une longue écharpe. Tel est l'aspect qu'il présente sur le joli alabastre à fond blanc, signé par l'artiste Pasiadès (voir le hors texte en couleurs, pl. v)[4].

| Le manuscrit laissé par M. Heuzey ne contenait pas de page consacrée au costume des « Tanagréennes », qui fournissent tant d'exemples célèbres de la tunique fine combinée avec le grand manteau et, cependant, il

---

[1] Voir plus haut, Fig. 98.

[2] Cf. CLARAC, *Musée de sculpt.*, pl. 936 F, n° 2264 ; S. REINACH, *Répertoire de la Statuaire*, p. 576, n° 6.

[3] CLARAC, *Ibid.*, pl. 461, n° 858 ; S. REINACH, *Ibid.*, p. 228, n° 2.

[4] Notre planche en couleurs est empruntée au tome X, pl. XIX, de l'*Histoire de l'Art*, de PERROT.

TUNIQUE IONIENNE ET MANTEAU EN ÉCHARPE

Vase du Musée Britannique.

avait demandé à son petit-fils, Jean Heuzey, de dessiner pour lui une des figurines du Louvre (Fig. 116) [1], afin de la mettre en parallèle avec une des poses de son modèle drapé (Fig. 117) [2].

Nous avons donc cru devoir combler cette lacune, certain d'obéir aux intentions de l'auteur, mais en évitant toute digression qui pourrait affaiblir ou déformer sa pensée. Je me contente de reproduire quelques réflexions que j'ai moi-même tirées de l'étude de ces terres cuites [3], quand je les regardais au Musée avec notre maître et que je les entendais commenter par lui.

« La draperie du Ve siècle était architecturale; celle du IVe siècle est picturale. La première se subordonne au corps et souligne les effets de stabilité et de repos. La seconde introduit un élément distinct, une personnalité agissante, qui a ses mouvements, ses lignes, et qui parfois même accapare l'attention au détriment du reste. C'est un cas assez fréquent chez les Tanagréennes. Le corps disparaît sous le vêtement ; on n'a d'yeux que pour les plis serrés et multipliés, les brisures obliques et transversales du manteau qui rompent les lignes verticales de la tunique. Le coloris franc des étoffes, les bleus, les roses, les blancs, les noirs, les larges bandes d'or ajoutent encore à l'éclat de l'ensemble. On peut dire aussi que la draperie diffère suivant le sexe du personnage. Considérons, par exemple, l'admirable sta-

---

[1] Elle a été reproduite par A. JACQUET dans l'album des *Figurines antiques du Musée du Louvre*, pl. XXX, n° 1.

[2] Il s'était enquis du nom aussi qu'on donne actuellement au petit chapeau niçois qu'il a placé sur la tête de son modèle et qui joue exactement le rôle de la *tholia* grecque. Cette coiffure s'appelle la « capelina ».

[3] *Diphilos et les Modeleurs de terres cuites grecques*, LAURENS, 1909.

Fig. 116. — Tunique et manteau.
Figurine de terre cuite.

tuette de jeune homme assis, dont la pose évoque le souvenir du *Pensieroso* de Michel-Ange (Figure 119)[1] ; son manteau se masse à grands plis droits, sans menus détails ; c'est une étoffe d'un caractère viril. Elle n'a plus le même aspect sur un corps de jeune fille ; ici elle ondule, elle se divise en mille petits sillons parallèles, elle glisse sur les contours du corps comme une eau fluide (Figure 118)[2]. Par là encore un art nouveau se révèle, qui n'est pas une invention des industriels. La merveilleuse étoffe que Praxitèle a jetée sur le tronc d'arbre où s'appuie *l'Hermès d'Olympie*, les tumultueuses draperies de la

____

[1] Pottier, *Ibid.*, pl. xiv, n° 251.

[2] *Ibid.*, pl. xii, Fig. 235. Cf. Heuzey, *Figurines antiques du Musée du Louvre*, pl. xxiii, n° 1.

Fig. 117. — TUNIQUE ET MANTEAU.
Pose sur nature.

Victoire de Samothrace nous renseignent sur les sources d'une technique où le praticien a autant de part que le sculpteur [1]. »

L'évolution des mœurs, comme celle du goût, joue un rôle dans ces transformations du costume féminin. Aux habitudes rudes d'un corps vigoureux et endurci, toujours libre sous les envolements du péplos, succède le souci du confort et la douce sensation des étoffes moelleuses. Dans son manteau doublé d'une tunique, la femme s'enveloppe frileusement ; elle remonte sur sa tête le bout de la draperie qui forme capuchon, garantissant du froid ses oreilles et ses joues [2]. Il n'y avait plus, alors, cette sorte de duo incessant entre le nu et la draperie qui prêtait tant de beauté à l'ancien costume dorien, mais l'ingéniosité des artistes avait résolu le problème d'une

Fig. 118. — Jeune femme de Tanagra. Figurine de terre cuite.

---

[1] Pottier, *Ibid.*, p. 70-71.

[2] Heuzey, *Figurines antiques du Musée du Louvre*, pl. 24, 26, 27, 28, 30.

LE MANTEAU DRAPÉ SUR LA TUNIQUE
Terre cuite du Musée du Louvre.

autre façon, grâce à l'artifice déjà employé au ve siècle de la « draperie mouillée ». Le groupe des *Parques* au Parthénon et la statue de la *Venus Genitrix* en sont des exemples célèbres. On retrouve le même procédé dans une figurine du Louvre qu'on appelle « la Danseuse Titeux » du nom de l'architecte qui la rapporta de Grèce (voir notre hors texte, pl. VI) [1]. Elle représente une femme tourbillonnant dans ses voiles dont les plis gonflés se pressent autour d'elle : le manteau la recouvre tout entière, enserrant même le sommet de la tête et le cou ; la tunique déborde à peine sur les pieds. Mais l'étoffe ainsi doublée est si fine et si diaphane que sous le tissu plaqué contre la poitrine et contre les jambes transparaissent les rondeurs juvéniles d'un corps souple et gracieux. L'art feint de cacher ce qu'il veut montrer. E. P.]

---

[1] M. Heuzey a fait allusion plus haut à cette jolie statuette, p. 27, note 1.

Fig. 119. — JEUNE GARÇON ASSIS.
Terre cuite de Tanagra.

VII

LA TOGE ROMAINE

L'importance historique du manteau national des Romains a fait que, de très bonne heure, on s'est préoccupé d'en retrouver la forme et l'ajustement ; mais ces recherches ne sont arrivées que bien lentement à un résultat satisfaisant. Leur lenteur tient à la diversité du but visé par tous ceux qui ont tenté de résoudre la question, autant qu'au défaut d'ensemble dans les études auxquelles ils se sont livrés. Pendant que les érudits s'efforçaient avant tout d'expliquer les textes, les artistes se contentaient d'étudier morceau par morceau les plus beaux ajustements des statues romaines. On devait attendre beaucoup des acteurs, obligés par état à poursuivre la même solution dans un esprit plus pratique ; cependant ils n'ont pas peu contribué à introduire dans le sujet qui nous occupe des traditions erronées. Persuadés que le but serait atteint s'ils produisaient de loin, sur la scène, l'illusion du costume romain, ils ont cherché avant tout un ajustement solide, dont les attaches fixes et les plis formés d'avance laissassent leur geste libre et leur esprit tranquille dans le feu du dialogue ou dans le débit des tirades. C'est ainsi que la toge de nos théâtres est devenue le plus souvent une sorte de baudrier ou de harnais, qui se passe en écharpe autour du corps et qui reste pendant cinq actes à la place où on l'a mis[1]. Pourtant, comment accuser les comédiens, quand on voit les savants eux-mêmes, des archéologues, des latinistes, croire que le manteau romain était un vêtement fermé, attaché par une ceinture, avec un trou pour la tête, une sorte de robe analogue à celle que nos professeurs et nos magistrats appellent encore aujourd'hui leur *toge !*

Sans vouloir faire ici la bibliographie de la toge, nous devons nommer au moins l'homme qui a démontré le premier l'absurdité de ce système et fait entrer la question dans la voie de la vérité. Le Flamand RUBENIUS était préparé par son éducation même à porter dans de pareilles études un esprit moins exclusif que ses devanciers et des yeux plus clairvoyants. On s'inquiète généralement assez peu de savoir qui était ce savant en *us*, dont on publia vers 1665, à Anvers, un traité en latin sur les vêtements des anciens[2]. ALBERT RUBENS, pour l'appeler de son vrai nom, était le propre fils du peintre PIERRE-PAUL RUBENS, du chef illustre de l'école flamande. Plusieurs fois même, à l'appui de ses opinions, il cite des monuments antiques recueillis ou dessinés par son père, dans le cours de ses voyages. Le peintre

---

[1] A l'époque où j'ai commencé ces expériences, régnait encore dans le costume de la tragédie classique ce que l'on appelait la *tradition de Talma*. Plus tard le système dont je n'ai cessé de faire la démonstration orale, s'est quelque peu répandu dans les ateliers, au théâtre et jusque dans les livres. Avec des directeurs de théâtre comme MM. PERRIN et CLARETIE, avec des artistes aussi consciencieux, aussi soucieux de toutes les parties de leur art que M. MOUNET-SULLY et qu'un petit nombre d'autres, une transformation remarquable s'est accomplie. L'observation reste vraie toutefois pour les rôles secondaires. Elle n'est pas d'ailleurs une critique : le costume du théâtre est soumis à des nécessités spéciales et professionnelles; dans la plupart des cas l'apparence lui suffit, et il fait bien de s'y tenir.

[2] ALBERTI RUBENII, PETRI PAULI f(ilii), *de Re vestiaria veterum.* C'est une publication posthume, ALBERT RUBENS étant mort, encore jeune, de la morsure d'un chien enragé.

de la couleur et de la vie ne sera certes pas accusé d'avoir
abusé dans ses œuvres du sentiment de l'antiquité ni
de la tradition antique. Cependant on peut juger de
l'intérêt qu'il attachait à l'étude du costume des anciens
par ces recherches nées du mouvement d'études qui
se faisait autour du maître, dans son atelier et dans sa
propre famille.

Cependant il ne suffit pas d'exposer avec plus ou moins
de vraisemblance la théorie de la toge; il faut l'appliquer
sur la nature et pousser la question jusqu'à la reproduction matérielle de l'ajustement. C'est l'expérience que
j'ai entreprise, non sans me dissimuler tout ce qui nous
manquait aujourd'hui pour réussir dans une pareille
tentative. D'abord, pour donner aux draperies l'accent
de vérité qui vient du premier jet, il faudrait un modèle
qui sût se draper lui-même, trouver et sentir les points
d'attache du costume, qui fût consommé en un mot dans
cet art, qui faisait partie à Rome de l'éducation de tout
homme bien élevé. Il faudrait non seulement des toges
taillées dans ces proportions justes et harmonieuses
qu'un long usage peut seul faire rencontrer, mais les
étoffes mêmes que les femmes romaines tissaient tout
exprès et d'une seule pièce pour l'usage de la toge. Nos
étoffes modernes, raidies par l'apprêt et par la régularité
du travail mécanique, sont tout ce qu'il y a de moins
convenable pour un pareil but. Sous ce dernier rapport
cependant, les Expositions Universelles nous ont fourni
des ressources inattendues, en nous procurant des étoffes
d'Abyssinie, qui servent encore dans ce pays à composer
un costume analogue au costume antique. Ce sont des
tissus grossiers, fabriqués à la main, mais qui, par l'extrême souplesse de leurs plis et par la disposition de
leurs bordures de couleur, ont souvent rappelé aux

voyageurs la toge romaine. Il faut aller jusque-là, de nos jours, pour retrouver encore vivante la tradition des vêtements drapés des anciens. Toutefois, pour construire une toge avec ces étoffes africaines, j'ai dû tenir compte de la nature particulière et de la forme du manteau romain, question importante, sur laquelle je dois donner d'abord quelques explications.

A. — ORIGINE ET FORME DE LA TOGE

Le mot latin *toga*, si l'on remonte à son acception primitive, veut dire simplement une *couverture*, une étoffe qui sert à couvrir. Nous voyons en effet que, chez les antiques tribus de souche latine, la toge, fabriquée dans la maison avec la laine des troupeaux, fut longtemps l'unique défense du corps, pour les hommes comme pour les femmes, pour les enfants et même pour les esclaves, servant contre le froid, la pluie et le soleil, aussi bien que contre les traits de l'ennemi. Chaque soir, la même pièce d'étoffe, détachée et jetée sur le lit, devenait une couverture pour le sommeil : c'est pourquoi dans les rites des noces, où l'esprit formaliste des Romains conservait avec scrupule les traditions de la vie primitive, la toge du mari continuait à être employée pour couvrir le lit *génial*[1]. Il y a ici de curieux rapprochements à faire avec les plus vieilles coutumes de la Grèce. Pour

---

[1] Cum in matrimonia convenitis, toga sternitis lectulos et maritorum genios advocatis. (ARNOBE, II, 68). Praeterea quod in lecto togas ante habebant; ante enim fuit commune vestimentum et diurnum et nocturnum et muliebre et virile. (VARRON, *Vita populi romani*, dans *Nonius*, 14, p. 540).

Et sexus omnis et conditio toga utebatur. (SERVIUS, *ad Aeneid.*, I, 182).

les Grecs comme pour les Romains, la pièce d'étoffe dans laquelle ils se drapaient composa longtemps à elle seule tout le costume, avant l'introduction de la tunique cousue, dont l'usage leur vint de l'Orient[1]. De même, dans le costume homérique, la *khlaine*, manteau de laine des pâtres et des guerriers, servait aussi de couverture pour la nuit, et le langage ne savait pas alors distinguer deux objets qui, en réalité, n'en faisaient qu'un. C'est une concordance entre les usages primitifs des deux races sœurs, qu'il ne faut jamais manquer de signaler.

Le nom de la toge n'indiquant aucune disposition particulière, on peut supposer que sa forme la plus antique fut celle que donne de lui-même le métier à tisser, c'est-à-dire la forme rectangulaire. Mais, tandis que les Grecs restaient fidèles à ce type simple et primitif, les Romains recherchèrent de bonne heure une coupe plus compliquée. Il est certain que la toge romaine, à l'époque historique, avait pris une forme arrondie, et le Grec DENYS D'HALICARNASSE nous apprend, dans les termes les plus précis, qu'elle était taillée en demi-cercle[2]. C'était par là qu'elle se distinguait des vêtements grecs, auxquels elle est souvent opposée par les auteurs; aussi, toutes les fois qu'un personnage romain, dans un voyage ou dans une expédition, adopte les modes helléniques, lui voyons-nous reprocher, comme un outrage aux mœurs nationales, d'avoir abandonné la

---

[1] Viri autem romani primo quidem sine tunicis toga sola amicti fuerunt (AULU-GELLE, VII, 12).

Ex vetere consuetudine, secundum quam et ROMULI et TATII statuae in Capitolio, et in rostris CAMILLI fuerunt togatae sine tunica. (ASCONIUS. *ad Ciceronem pro Scauro*, p. 30; cf. PLINE, *Hist. Nat.*, 36, 23).

[2] DENYS D'HALICARNASSE, III, 61, 62. C'est de la même manière qu'il faut comprendre QUINTILIEN, *Instit. orator.* XI, 139 : Ipsam togam rotundam et apte cæsam velim.

toge pour le manteau carré. Sous cette forme demi-circulaire, la toge était regardée comme originaire d'Etrurie; tout au moins l'usage en était-il commun aux populations étrusques et latines.

Ne soyez pas surpris des liens étroits qui rattachent le costume à l'architecture, chez les deux grands peuples de l'antiquité! Les Grecs, qui, dans le plan et dans les élévations de leurs édifices, ont toujours employé avec une prédilection marquée les formes rectilignes, laissent aussi à la pièce d'étoffe dans laquelle ils se drapent, les bords droits et les angles saillants qu'elle avait sur le métier : nous avons expliqué quels effets admirables ils savaient tirer de ces formes élémentaires qui plaisaient à la simplicité de leur goût et à la netteté de leur esprit. Les Etrusques et les Romains au contraire, qui, de bonne heure, ont fait entrer l'arc dans le système de leur architecture et qui élevaient volontiers leurs temples sur un plan circulaire, arrondissent de même les angles de leurs vêtements; ils obtiennent ainsi des ajustements plus riches et plus majestueux peut-être, mais d'un aspect moins franc et moins vraiment beau. On s'étonnera au premier abord qu'il puisse y avoir quelque relation entre deux choses aussi différentes en apparence que l'édifice et le vêtement; mais, en fait, le même goût a présidé à la construction de l'un et de l'autre. Le costume, quand il n'est pas régi par une mode capricieuse, rentre essentiellement dans le système architectonique d'un peuple et d'une époque; il est la première et la plus intime des créations de l'art.

Pourtant il faut dire que, même chez les Grecs et surtout parmi les tribus demi-helléniques qui entouraient la Grèce, les manteaux de forme plus ou moins arrondie n'étaient pas sans exemple. Ils appartenaient

Fig. 120. — MANTEAU ÉTRUSQUE.
Peinture d'un tombeau de Vulci.

à la classe des *chlamydes* ou manteaux courts, agrafés
sur l'épaule, que portaient les soldats et principalement
les cavaliers. Nous savons, par exemple, que telle était
la forme des manteaux de la cavalerie macédonienne.
L'espèce de toge courte appelée *trabée*, qui était anciennement en usage à Rome, devait être un vêtement tout
à fait analogue à ces chlamydes rondes. Les Saliens ou
prêtres sauteurs du dieu Mars, vêtus d'un très ancien
costume militaire qui remontait à l'âge des armes de
bronze, la portaient encore agrafée comme une véritable
chlamyde. Décorée de riches broderies, parfois entièrement teinte en pourpre ou différemment ornementée
de blanc, de pourpre et d'écarlate, la trabée était le
manteau des rois et servait aussi de vêtement d'apparat
aux flamines de Mars et de Jupiter, aux augures, aux
chevaliers romains. Les monuments étrusques, qu'il
faut toujours interroger avec soin, lorsqu'il s'agit des
premiers siècles de Rome, nous montrent plus d'un
exemple de cette toge courte. Parmi les peintures d'un
tombeau de Vulci, publiées par NOËL DES VERGERS [1],
on voit un personnage, roi ou prêtre, occupé, à ce qu'il
semble, à consulter les augures; il porte un magnifique
manteau de pourpre, décoré de figures de guerriers
brodées en couleur. Ce vêtement, sans être agrafé, est
jeté autour des épaules, suivant un mode d'ajustement
fort différent encore de celui qui prévaudra dans les
monuments romains : c'est peut-être déjà une sorte de
toge courte ou de trabée (voir Fig. 120).

Nous donnons plus loin, en cul-de-lampe, le revers
d'un petit bronze étrusque du Cabinet des Médailles,

---

[1] *L'Étrurie et les Étrusques*, pl. XXVII ; cf. les photographies plus
exactes de GARRUCCI (*Tavole fotograf. delle pitture*, etc.), d'après lesquelles
nous donnons notre figure.

souvent cité, avec vraisemblance, comme un exemple de la forme et de l'ajustement de la toge. Il représente un jeune guerrier aux jambes armées de cnémides, dans le mouvement caractéristique qui est comme le premier temps de cet ajustement. La coupe demi-circulaire est assez marquée; mais il ne s'agirait encore ici que d'une courte trabée, telle que la comportait le costume militaire [1] (voir le cul-de-lampe).

Un autre exemple plus certain est la célèbre statue de bronze trouvée près du lac Trasimène et connue sous le nom de *l'Orateur Etrusque*, bien que la main levée de cette figure votive soit peut-être un geste d'invocation aux dieux plutôt qu'un geste oratoire. Le per-

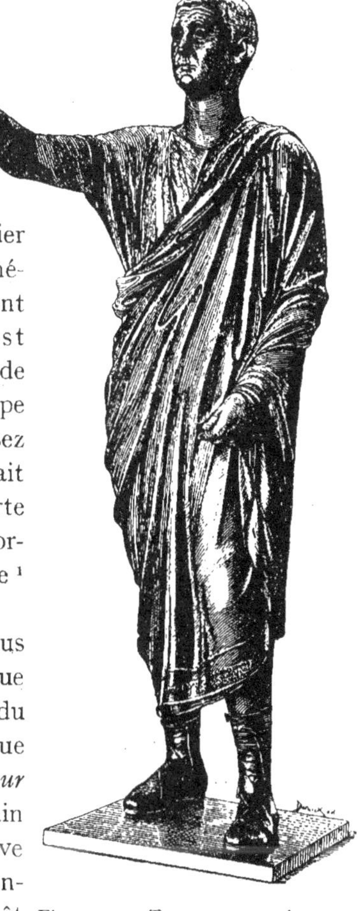

Fig. 121. — Toge courte étrusque.
Statue de bronze
dite *l'Orateur Etrusque*.

---

[1] Voir l'historique dans Babelon, *Catalogue des bronzes antiques de la Bibliothèque Nationale*, n° 938. Notre représentation, faite sur l'original, rectifie et complète les croquis imparfaits de Caylus, *Recueil d'antiquités*, t. VI, pl. XXIV, fig. 4, et de Rich, *Dictionnaire des antiquités*, au mot *Toga*.

sonnage porte sur sa tunique une toge très simple à plis droits et peu nombreux, descendant à peine à mi-jambe : ce n'est encore en réalité qu'une grande chlamyde ronde[1], mais drapée obliquement autour de l'épaule gauche, à la manière du manteau civil; or ce caractère mixte est précisément le principe de l'ajustement romain (voir Fig. 121).

La toge étroite de la première époque pouvait aussi envelopper les deux épaules; mais alors le bras droit, serré contre la poitrine, ne laissait plus agir que la main, qui passait seule hors du vêtement. C'est justement ainsi que les orateurs grecs de la vieille école se drapaient dans leurs manteaux et les historiens nous rapportent que les antiques convenances imposaient la même attitude grave et réservée aux orateurs romains, avant que Caïus Gracchus n'eût introduit dans l'éloquence politique, comme Cléon chez les Grecs, une gesticulation passionnée, qui fit sortir le bras de la toge[2]. Dans la suite, les personnes qui affectaient un extérieur sévère, comme les philosophes, conservaient volontiers cette manière de s'ajuster, qui exigeait une toge de proportions moins amples[3] : aussi ne faut-il pas s'étonner d'en retrouver un exemple dans la statue du Louvre, où l'on a voulu reconnaître, sans raison d'ailleurs, le portrait de Sénèque (voir Fig. 122).

---

[1] Les anciens avaient constaté eux-mêmes ces rapports entre la chlamyde et la toge : d'après une légende, qui reposait sur une étymologie des plus hasardées, le roi arcadien Timénos s'était le premier fait ainsi une toge de sa chlamyde : ὃς πρῶτος τὴν ἑαυτοῦ χλαμύδα τοῦτον περιεβάλλετο τὸν τρόπον (Artémidore, II, 3, p. 134, 6).

[2] Quorum brachium, sicut Græcorum, veste continebatur (Quintilien, XI, 138). Nam veteribus nulli sinus, perquam breves post illos fuerunt (Ibid., 137).

[3] Exiguaeque togae simulet textore Catonem (Horace. Epîtres, I, 19, 13). Arcta decet sanum comitem toga... (Ibid. 18, 30).

Nous arrivons ainsi, par une sorte de progression historique, à la toge la plus ample et la plus compliquée, telle que les Romains la portaient pendant le dernier siècle de la République et au commencement de l'Empire. C'est un modèle de cette grande toge que j'ai cherché à reconstruire avec des étoffes d'Abyssinie et qui a servi à mes expériences. Elle n'a pas moins de 5 m. 60 de long, sur 2 mètres environ dans sa plus grande largeur [1]. J'ai tracé dans ces limites le plus grand arc possible, et j'ai obtenu un vaste segment de cercle, qui répond à un peu plus des deux cinquièmes d'une circonférence de 6 mètres de diamètre (Fig. 123). De pareilles dimensions n'ont rien d'exagéré : HORACE se moque d'un

Fig. 122. — TOGE ROMAINE ÉTROITE.
Statue de marbre, prétendu Sénèque.

---

[1] Cette largeur, qui m'a été imposée par les dimensions de mon étoffe, est peut-être un peu faible; avec 25 ou même 50 centimètres de plus, on aurait toute l'ampleur désirable.

parvenu de son temps, qui balayait la Voie Sacrée avec une toge de 6 aunes ; nous sommes encore loin de compte [1].

Du reste, la complication de cette espèce de toge vient uniquement de son ampleur, qui permet de la doubler en partie : pour la forme, elle ne diffère en rien des pré-

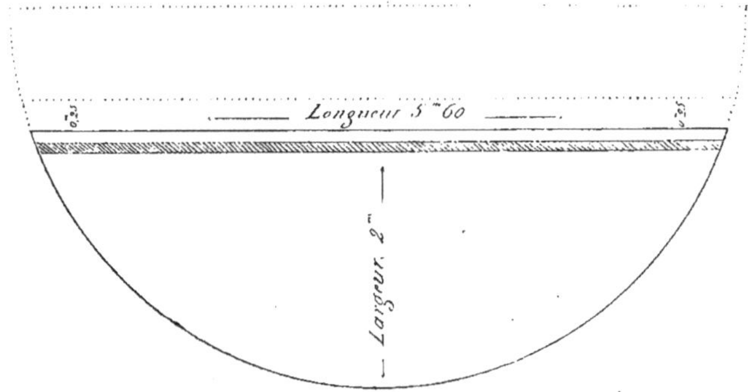

Fig. 123. — Forme de la toge.

cédentes. Sur son bord antérieur, qui est parfaitement droit, j'ai conservé avec soin la rayure rouge tissée dans l'étoffe africaine ; elle nous représente la bande de pourpre, tissée à même, qui décorait la toge des magistrats romains. D'après les lois ordinaires du tissage, cette bande ne peut facilement régner que sur l'un des deux bords de la toge, sur le bord rectiligne, et non sur l'autre où la toge était taillée *(caesa)* et recevait une coupe demi-circulaire : c'est une observation toute simple, mais souvent méconnue, sur laquelle nous aurons à revenir pour en tirer des conséquences intéressantes. A plus forte raison ne faut-il pas découper ce même

---

[1] Cum bis trium ulnarum toga (HORACE, *Epodes*, IV, v. 8).

bord en un second arc de cercle, comme le veulent quelques traités sur le costume romain, qui donnent à la
grande toge une forme elliptique[1]. La pratique démontre
que c'est là une complication plus nuisible qu'utile au
bel effet de la draperie. Aucune raison sérieuse n'autorise
à s'écarter de la forme demi-circulaire, si clairement
indiquée par DENYS D'HALICARNASSE.

---

[1] C'est la toge dite *de Talma*, dont on trouverait peut-être encore des
modèles dans quelques ateliers. J'en employai d'abord une de ce genre,
fabriquée par un vieux costumier, qui trônait, les jambes croisées, dans
les combles d'un théâtre. Elle ne put jamais me servir et je dus la faire
découdre.

B. — AJUSTEMENT DE LA TOGE

La forme et les dimensions de la grande toge étant données, il faut indiquer comment on l'ajuste. Occupons-nous d'abord de l'ajustement ordinaire. Le principe en est connu depuis les études de Rubenius ; mais je suis arrivé à l'appliquer dans ses moindres détails, de manière à être en mesure de commenter mot pour mot le chapitre classique de QUINTILIEN sur la toge et le passage, réputé si obscur, de TERTULLIEN dans son traité *De pallio*. Notre Fig. 125 donne cet ajustement d'après la nature, tel que nous l'avons réalisé, en choisissant pour type une statue de Tibère, au Louvre (Fig. 124).

Fig. 124. — AJUSTEMENT ORDINAIRE DE LA GRANDE TOGE.
Statue de Tibère.
p. *Praecinctura* ; — s. *Sinus* ; — u. *Umbo* ; l. *Lacinia*.

On commence par prendre dans les deux mains le bord rectiligne de la draperie, vers le tiers environ de sa longueur et par le masser en un paquet de plis, que l'on place sur l'épaule gauche du modèle. L'une des extrémités de

Fig. 125. — Ajustement ordinaire de la grande toge.
Pose sur nature.

16

la toge, laissée par-devant, couvre le bras gauche[1] et tombe jusque sur les pieds, en traînant même à terre d'une certaine longueur. Il suffit alors de poser le bord de l'étoffe sur l'autre épaule, et le dos se trouve complètement enveloppé.

Ensuite, pour ramener la toge par devant, on reprend l'étoffe sous le bras droit, non pas au bord, mais au tiers environ de sa largeur. On forme à ce point, vers la hauteur de la hanche, un nouveau paquet de plis, que l'on fait passer obliquement sur la poitrine et que l'on rejette derrière l'épaule gauche. Les anciens recommandent que ce *baudrier* de plis ne soit ni trop serré ni trop lâche; car de sa disposition dépend toute l'économie de l'ajustement[2] : il est comme une véritable ceinture, formée sur le devant de la toge, *praecinctura*[3].

Ici surtout l'ajustement se complique. L'étoffe n'ayant été prise qu'au tiers de sa largeur, tout le bord supérieur est resté flottant et s'est rabattu jusqu'à terre. C'est avec ce surcroît de draperie qu'il faut maintenant former le demi-cercle de plis, soigneusement étagés, que les anciens appelaient le *sinus* de la toge et qui faisait la principale beauté du grand manteau romain. Après l'avoir laissé s'arrondir jusqu'au-dessous du genou, on en relève l'extrémité que l'on rejette encore derrière l'épaule gauche[4]. Voilà justement où réside la difficulté

---

[1] Partem quidem de laevo promittat. (TERTULLIEN, *De pallio*, V).

[2] Ille qui sub humero dextro ad sinistrum oblique ducitur velut balteus, nec strangulet, nec fluat. (QUINTILIEN, *Instit. Orat.* XI, 140).

[3] De là le mot de Cicéron sur César : praecinctura me decepit (MACROBE, *Saturnales*, II, 3); et celui de Sylla : ut male praecinctum puerum caverent (SUÉTONE, *Caesàr*, 45).

[4] Ambitum vero ejus ex quo sinus nascitur, jam deficientibus tabulis, retrahat a scapulis et, exclusa dextera, in laevam adhuc congerat, cum alio pari tabulato in terga devoto. (TERTULL., *ibid*).

du maniement de la grande toge : c'est qu'on ne peut la draper d'un seul coup, comme les autres manteaux antiques.

Pour bien dessiner le *sinus*, qui lui donne tant de majesté et de richesse, on doit la rejeter en deux parties et former en deux fois la chute des plis qui retombe derrière le dos.

Ce n'est pas tout : pour parfaire la toge, il reste à équilibrer le pan intérieur, que nous avons laissé au début traîner entre les jambes. En le tirant un peu par le haut, on fait ressortir sur la poitrine, au-dessus du *baudrier*, un paquet bouffant de plis, que les Romains appelaient *umbo*, d'un mot qui désignait proprement la *bosse* centrale du bouclier. Remarquons dès maintenant ces termes empruntés à l'armure défensive du soldat ; ils venaient, comme nous le verrons, du caractère militaire qu'avait anciennement la toge.

Cependant la chute de draperies qui forme l'*umbo* et qui est l'un des deux pans ou *laciniae* de la toge, n'en doit pas moins effleurer le sol de son extrême pointe, ainsi que chacun a pu l'observer sur les statues romaines. L'anecdote suivante prouverait au besoin qu'il en était ainsi dans la réalité ; l'empereur Caligula, entendant un jour au théâtre siffler un de ses acteurs favoris, voulut faire outrage aux spectateurs en quittant précipitamment la représentation ; mais, son pied s'étant pris dans cette *lacinia* antérieure de la toge, il perdit l'équilibre et roula sur les gradins, aux éclats de rire de la foule qui se sentait brave contre son maître quand elle était en masse.

Laisser traîner en marchant le pan opposé ou *lacinia* postérieure de la toge n'était pas admis par les convenances : c'était une marque de négligence et de mollesse qui fut souvent reprochée à Jules César[1]. La position de cette autre chute de draperie rejetée derrière le dos rend aussi très bien compte de deux anecdotes rapportées par les anciens : c'était par là que les plaideurs retenaient l'empereur Claude, quand il voulait quitter de trop bonne heure son tribunal; ce fut aussi par cette partie de son vêtement que Néron, peu de jours avant sa mort, se sentit accroché, lorsqu'il se levait après avoir prié dans le temple de Vesta, et il en tira un funeste augure.

On remarquera combien la toge ainsi amplifiée s'éloigne de la simplicité des ajustements grecs : ce n'était certes pas un vêtement commode ni facile à manœuvrer; les anciens sont les premiers à en convenir. Il n'était pas aisé de se bien draper seul. Même dans la vie simple des premiers siècles de la République, nous voyons la femme aider son mari à l'ajuster. Lorsque Cincinnatus reçoit dans son champ les envoyés du Sénat, c'est sa femme Racilia qui lui apporte et qui lui met sa toge, afin qu'il puisse, revêtu du costume public du citoyen romain, écouter la lecture du décret qui le nomme dictateur[2]; ainsi Pénélope agrafait elle-même le manteau de guerre qu'elle avait tissé pour son mari. Plus tard on eut des esclaves qui étaient chargés du soin de préparer et d'ajuster la toge. L'orateur Hortensius, fort recherché dans sa mise, mettait lui-même la dernière main à cet ouvrage, en se regardant dans un miroir; il avait inventé un nœud secret qui empêchait les plis de se déranger, et il intenta un jour un procès à l'un de ses adversaires, qui, en le

---

[1] Jocatus in Caesarem, qui ita toga praecingebatur, ut trahendo laciniam velut mollis incederet (MACROBE, *ibid.*).

[2] Togam propere e tugurio proferre uxorem Raciliam jubet (TITE-LIVE, III. 26).

froissant dans un passage étroit, avait détruit la construction savante de son vêtement[1]. Un auteur chrétien,
Tertullien, dans son traité sur le *Pallium*, a écrit
contre les embarras de la toge un véritable plaidoyer,
qu'il termine par ce trait : « Ce n'est pas un vêtement,
c'est un fardeau ! »[2]

C. — LES BANDES DE POURPRE ET LA TOGE PRÉTEXTE

Quoi qu'il en soit de ces difficultés, que l'habitude
devait beaucoup diminuer, l'effet produit est noble,
plein d'ampleur et d'harmonie. Il est nécessaire d'attirer
l'attention sur la belle disposition de la bande rouge,
qui forme sur la toge ainsi ajustée une décoration à la
fois riche et sévère. Placée, comme je le veux, sur le
seul bord rectiligne de l'étoffe, elle ajoute à la beauté
de l'effet, en accusant la construction du vêtement :
elle aide les yeux à en retrouver les différents tours ;
elle est le fil conducteur qui les guide dans ce dédale de
la toge. Disposez au contraire la bande de pourpre sur
le bord courbe ou sur tous les deux à la fois, comme on
le fait dans beaucoup de tableaux représentant des
sujets romains, vous aurez une décoration chargée,
indécise, et un vêtement coupé de raies de couleur.
C'est pour moi la meilleure confirmation du système
que j'ai adopté sur la position de la bande de la toge.
Il faut cependant tenir compte d'une objection que
pourrait faire naître l'examen attentif de la statue de

---

[1] Togam sic applicabat ut rugas non forte sed industria locatas artifex
nodus constringeret (Macrobe, II. 9).

[2] Atque ita hominem sarcina vestiat (Tertull. *ibid.*)

l'Orateur étrusque[1]. Vous y remarquerez, au bas de la toge et dans sa partie courbe, une large bordure, marquée par un filet saillant, et dans l'intérieur de laquelle est gravée l'inscription votive de la statue. Je ne me dissimule en rien ce qu'il y a de grave dans cette difficulté. J'avoue ne pas bien comprendre la nature de cette bande, dont le bourrelet saillant semble indiquer une couture et par conséquent une pièce rapportée. En faisant le tour de la statue, dont il existe un excellent moulage à l'École des Beaux-Arts, on remarque aussi que cette bande inférieure vient s'amortir sur le bord courbe de la toge ; elle n'en suit pas sur les côtés la coupe demi-circulaire. Pour le petit bronze étrusque qui a servi de cul-de-lampe précédemment, j'y ai relevé de même une bande gravée sur le bord inférieur du manteau ; mais on remarquera que ce vêtement très court s'ajustait sur l'épaule droite, ce qui convient à un manteau agrafé, et non à la toge drapée. Il ne faut pas oublier que nous avons là des figures étrusques, qui pouvaient avoir des trabées, des toges courtes avec des ornements brodés ou cousus. Je ne saurais de toute manière y reconnaître l'espèce de toge que les Romains appelaient *prétexte*, parce qu'elle portait une bande de pourpre tissée dans l'étoffe même du vêtement et sur son bord antérieur, *prae-texta*[2].

Du reste, à ces bronzes étrusques j'oppose un autre monument étrusque, dont le témoignage est bien autrement concluant, puisque c'est une peinture (voir

---

[1] Voir plus haut, Fig. 121.

[2] Cum toga cui purpura praetexitur (MACROB. I, 15). Comparez le sens figuré du verbe praetexere : praetexunt littora puppes, les vaisseaux forment une bordure au rivage (VIRGILE, *Énéide*, VI, 5). Nationes Rheno praetexuntur : ces nations (il s'agit de tribus germaniques) sont bordées en avant et comme décorées par la ligne du Rhin (TACITE, *Germanie*, 34).

Figure 126). C'est encore une des plus précieuses fres-
ques funéraires de Vulci que NOËL DES VERGERS a fait

Fig. 126. -- ÉTRUSQUE SURPRENANT UN ROMAIN.
Peinture étrusque de Vulci.

connaître au monde savant. Elle représente une action
audacieuse du chef étrusque MASTARNA, qui délivre
son compagnon CELES VIBENNA, en tombant à l'impro-
viste sur un parti de Romains, commandé par TARCHU-

nies ou Tarquin, lequel est qualifié de Rumach. Or les Romains se distinguent ici par leur manteau national, dans lequel ils semblent chercher vainement à s'envelopper pour se défendre. Ce manteau est de couleur blanche, arrondi par un bord, avec une seule et unique bande de pourpre, disposée sur le côté qui est coupé droit : c'est la toge prétexte, telle que je l'ai définie. Les gravures qui accompagnent le texte de Noël des Vergers ne donnent pas ces détails avec une précision suffisante, mais j'ai dû à l'amitié de l'auteur de pouvoir consulter les calques levés sur les figures mêmes du tombeau ; j'ai pu aussi étudier des photographies de ces peintures[1], et mieux encore les peintures originales que j'ai attentivement examinées à Rome, dans le musée Torlonia : j'y ai trouvé la bande de pourpre exactement placée comme dans la toge que j'avais fait disposer pour mes expériences et que je crois pouvoir donner avec assurance comme une reproduction exacte de la prétexte des Romains.

Il y a enfin des peintures purement romaines, qui rendent sur le même point un témoignage encore plus direct. Je veux parler des images du *Genius familiaris*, fréquemment représentées à l'intérieur des maisons de Pompéi. Ces génies domestiques, associés aux dieux lares, sont peints d'ordinaire voilés de la toge prétexte. Or j'ai constaté moi-même à Pompéi, avec une vive satisfaction, sur l'une des figures les mieux conservées, que la bande de pourpre y avait exactement la même position établie par les démonstrations matérielles de

---

[1] Comparez les ouvrages déjà cités de Noël des Vergers (pl. XXV) et de Garrucci. Les photographies de ce dernier, auxquelles nous avons emprunté notre Fig. 126, rendent seules la peinture étrusque dans son incorrection et dans sa rudesse natives, sous lesquelles on entrevoit pourtant l'inspiration de l'art grec.

mon cours. La bordure rouge se voit nettement sur l'*umbo*, autour du *sinus* et du voile de la toge et le long des deux *laciniae*, c'est-à-dire sur toutes les parties formées par le bord rectiligne, et jamais sur le bord qui était taillé et arrondi avec des ciseaux. Cela se comprend d'autant mieux pour la grande toge, tombant jusqu'à terre, que la pourpre, ainsi prodiguée, aurait traîné dans la poussière et sur les talons, grave inconvenance aux yeux des Romains, qui reconnaissaient à cette couleur quelque chose d'auguste et de sacré.

Les anciens considéraient la pourpre comme un symbole de la puissance publique : aussi les lois romaines, qui réglaient avec sévérité l'étiquette du costume, avaient-elles réservé la prétexte aux magistratures curules et aux sacerdoces qui conféraient aussi le droit à la chaise d'ivoire. Ceux de ces fonctionnaires qui étaient sortis de charge partageaient encore avec quelques autres magistrats le droit de la porter, mais seulement comme vêtement d'apparat dans les fêtes solennelles. Les tribuns du peuple, n'étant que les représentants d'une classe de la nation, devaient se contenter de la toge blanche, que l'on appelait *toge pure* ou encore *toge virile*, parce que les simples citoyens commençaient à la revêtir à l'époque de leur majorité politique. Jusqu'à cet âge les enfants et les adolescents, placés encore en dehors de la règle commune, étaient autorisés à se parer de la prétexte, comme d'une décoration de l'enfance, qui avait été probablement à l'origine un privilège des jeunes patriciens.

Le sentiment de la hiérarchie des pouvoirs, si profond dans la société romaine, dut porter les magistrats à étaler aux yeux du peuple les insignes dont ils étaient revêtus. De là un ajustement très particulier de la toge que l'on retrouve dans un certain nombre de bustes romains. Il consiste en une large bande, formée de plusieurs doubles d'étoffe; cette bande paraît sortir de

Fig. 127. — Ajustement de la toge
prétexte.
Statue municipale.

dessous la toge, vers le milieu de la poitrine, elle se dirige presque horizontalement vers le bras gauche et croise, en forme de T, le paquet de plis du *sinus*, disposé avec non moins de symétrie (voir ci-après le buste du Louvre, Fig. 129).

J'étais persuadé d'avance que ce n'était là qu'une manière d'étaler et de faire valoir la bande rouge de la toge prétexte. Mais, les bustes ne donnant qu'un morceau de l'ajustement, il était difficile d'en refaire l'ensemble. Une statue romaine de la Cyrénaïque, au musée du Louvre, m'a fourni la solution du problème. Cette disposition est produite simplement par un déplacement de l'*umbo* et par une préparation artificielle de ses plis. On les double à plat l'un sur l'autre, et l'on forme ainsi une bande rigide, que l'on abaisse et que l'on tend sur le bras. Comme terme de comparaison avec le modèle vivant, nous donnons ici une statue municipale de Dresde, qui offre un autre exemple très rare du même

Fig. 128. — AJUSTEMENT DE LA TOGE PRÉTEXTE.

Pose sur nature.

ajustement complet (Fig. 127)[1]. Sur la nature et avec l'étoffe bordée de pourpre, l'effet devient remarquable (voir Fig. 128).

C'est évidemment à un arrangement de ce genre que fait allusion TERTULLIEN, lorsqu'il parle de plis disposés, dès la veille, comme les feuillets d'un livre, *in tilias,* et lorsqu'il décrit surtout la préparation laborieuse de l'*umbo,* que l'on tient serré avec des pinces, *forcipes,* pour lui faire prendre sa forme[2]. Remarquez que, sur ces bandes préparées, vient justement s'étaler la raie de pourpre de la prétexte, qui autrement se perdrait en partie dans les replis de l'étoffe : elle forme ainsi une décoration d'un effet saisissant et digne de la majesté romaine. C'était surtout sur l'*umbo* que cette décoration

Fig. 129. — DISPOSITION DE L'UMBO.
Buste du Louvre[3].

brillait avec le plus d'éclat; aussi le poète satirique Perse, parlant d'un jeune homme qui a quitté la toge prétexte de son enfance, a-t-il parfaitement raison de dire que « l'*umbo* de sa toge est devenu blanc »[4]. J'ajouterai que l'*umbo* étant formé avec le bord rectiligne de la toge, c'est encore une confirmation de l'opinion que je soutiens sur la position de la pourpre dans la prétexte.

----

[1] CLARAC, *Musée de sculpture,* vol. V, pl. 896, n° 2291. On la retrouvera plus facilement dans l'ouvrage de SALOMON REINACH, *Répertoire de la sculpture grecque et romaine,* I, p. 548.

[2] Artifice necesse est qui pridie rugas ab exordio formet et inde deducat in tilias, totumque contracti umbonis figmentum custodibus forcipibus adsignet (TERTULL. *ibid.*). Comparez plus haut, p. 245, les « rugas non forte, sed industria locatas » de l'orateur HORTENSIUS.

[3] CLARAC, *Musée de sculpture,* pl. 1107, fig. 3484, n° 106.

[4] Jam candidus umbo (PERSE, *Sat.* V, 33).

D. — MOUVEMENT DES PARTIES DE LA TOGE

Jusqu'ici nous n'avons fait que construire la toge et que mettre en place sur le corps chacune de ses parties. Ce n'est que la première moitié de notre tâche ; il n'est pas moins important d'étudier le jeu de ces différentes pièces. La toge, en dépit de sa complexité croissante, ne devient pas un vêtement fixe et immobile ; elle conserve cette liberté de mouvement qui est le principe même du costume antique. L'antiquité nous fournit ici un excellent guide ; c'est QUINTILIEN qui, dans son livre sur l'*Institution oratoire,* apprend aussi à l'orateur comment il doit se draper en public, modifier l'aspect de sa toge selon les sentiments qu'il exprime et chercher, dans toute situation, l'ajustement le

Fig. 130. — LA TOGE COUVRANT L'ÉPAULE DROITE.

plus naturel et le plus expressif. La leçon est d'autant plus applicable aux représentations de l'art que l'artiste doit rechercher exactement les mêmes qualités dans les ajustements qu'il reproduit : la beauté, la convenance et cette expression animée que l'on peut appeler l'éloquence du costume.

Le *sinus,* ce repli que nous avons formé au-dessous du bras droit, est par excellence la pièce mobile, ce que j'appellerai la partie active et vivante de la toge. Dans le repos et dans toute action tranquille, il est ordinairement ramené sur l'épaule droite (Fig. 130) et même retroussé légèrement en arrière, pour ne pas masquer la poitrine[1]. C'est l'ajustement décent et calme qui convient à l'orateur qui commence son discours, au promeneur inactif, au citoyen qui figure comme assistant dans

Fig. 131. — PROCESSION ROMAINE.
Musée de Florence.

une cérémonie ainsi que le montrent plusieurs personnages d'une procession romaine de la Galerie de Florence (voir Fig. 131)[2].

Dès le premier mouvement un peu animé, le *sinus* tombe de lui-même et laisse le bras droit complètement dégagé pour l'action[3]. Mais, si la main le relève en avant,

---

[1] Tum sinus injiencidus humero; cujus extremam oram rejecisse non dedecet. Operiri autem humerum cum toto jugulo non oportet; alioquin amictus fiet angustus et dignitatem quae est in latitudine pectoris perdet (QUINTILIEN, *Instit. Orat.* XI, 140).

[2] *Monum. dell' Instituto archeol.* vol. XI, pl. 39. Une partie de cette procession est reproduite dans notre Figure 131.

[3] Jam paene ab initio narrationis, sinus ab humero recte, velut sponte, delabitur (QUINTIL. *ibid.* 144).

il forme une sorte de poche creuse, dans laquelle on pouvait porter quelque objet. C'est ainsi qu'il faut se représenter le geste de cet ambassadeur romain qui disait tenir la guerre dans le *sinus* de sa toge et qui, par un mouvement dramatique, secouait son vêtement au milieu du Sénat de Carthage.

Le *sinus* doit être surtout assez long et assez ample pour être relevé facilement sur la tête[1]. On produit ainsi un très bel ajustement qui, chez les Romains, avait surtout un caractère religieux. A l'inverse du prêtre grec, qui se présentait en face des dieux la tête découverte, le prêtre romain se voilait pendant la prière et pendant le sacrifice, pour garantir ses yeux et ses oreilles de tout mauvais présage, qui aurait pu venir neutraliser la vertu de son invocation. C'était encore le costume de l'augure consultant les auspices, du fils suivant les funérailles de son père. Un certain nombre de figures antiques représentent des empereurs ainsi drapés, à cause de leurs fonctions sacerdotales.

En regard de notre libre restitution de cet ajustement d'après les données de la nature et de l'étoffe drapée sur le vif (Fig. 133), on trouvera, comme élément de contrôle et comme preuve archéologique, non pas une sculpture, mais une de ces figures peintes du *Genius familiaris* dont il a été parlé précédemment (Fig. 132)[2]. C'est la reproduction d'une photographie que M. Sogliano, l'habile et savant directeur des fouilles de Pompéi, a eu l'obligeance de m'adresser. En recevant cette épreuve, j'ai constaté avec la plus vive satisfaction qu'elle confirmait de tout point l'opinion que j'ai soutenue sur la position de la bande de pour-

---

[1] Capite velato.

[2] Voir p. 248.

pre dans la toge prétexte[1], question étroitement liée,

Fig. 132. — Génie voilé de la toge.
Peinture de Pompéi.

---

[1] Cette peinture pompéienne provient de la maison des *Vettii*. On y remarquera aussi la bande de pourpre très large, qui descend sur le côté droit de la tunique, découvert par la toge. Il y a là encore la confirmation d'une autre de mes opinions sur le costume romain, de celle qui a trait

comme on l'a vu, à celle de la forme même de la toge[1].

Dans la vie ordinaire, le voile de la toge pouvait aussi servir à se défendre contre la pluie ou contre le grand soleil. En ce cas, les convenances voulaient que l'on se découvrît devant toute personne à laquelle on devait le respect, comme nous saluons en ôtant notre chapeau. On se voilait encore pour ne pas être reconnu dans la foule, comme le décemvir Appius Claudius, lorsqu'il va se cacher dans sa demeure, après la mort

Fig. 133.

AJUSTEMENT SACERDOTAL DE LA TOGE.

Pose sur nature.

à la tunique laticlave et aux deux larges bandes de pourpre qui la décoraient (Voir mon article *clavu;* dans le *Dictionnaire des Antiquités de* SAGLIO). L'étoffe abyssinienne à filet plus étroit, dont j'ai dû me contenter pour la confection de la tunique qui sert à mes expériences, répondrait plutôt à la tunique angusticlave. Nous la conservons, par scrupule de sincérité, dans nos reproductions d'après nature. Pour figurer un personnage de rang sénatorial, on y substituera facilement une bande plus large.

[1] Plus haut, p. 215.

de Virginie. Mais s'enrouler tout à fait dans la toge[1] et la ramener complètement sur son visage était un acte de désespoir. Pompée dans la barque, César au Sénat, se voyant entourés par leurs meurtriers, s'enveloppent ainsi pour se livrer au destin qui les frappe et pour échapper au spectacle néfaste de leur propre mort.

La toge joue, du reste, un grand rôle dans l'histoire de la mort de César, et l'étude que nous venons de faire nous rend compte de tous les incidents du drame. Cimber s'est approché du dictateur assis, comme pour lui adresser une requête : il prend la pourpre qui borde son vêtement, en signe de pressante supplication[2], puis tout à coup il saisit les deux bords de la toge et les ramène violemment sur le cou, de manière à emprisonner les bras dans le repli du *sinus* et à paralyser toute résistance[3]. César cherche d'abord à se défendre avec son stylet à écrire; mais frappé par les poignards, il s'enroule la tête avec la main droite, pendant que, de la main gauche, il abaisse le bas de la draperie pour couvrir la partie inférieure de son corps et tomber dignement[4].

Mais ce n'est pas seulement le *sinus,* c'est la toge tout entière qui doit être mobile et libre, prête à se transformer en un instant, comme on change un décor de théâtre. QUINTILIEN, donnant aux orateurs un conseil que les artistes feront bien de recueillir, veut que, dans la chaleur de l'action, la toge se dérange, qu'elle tombe

---

[1] Capite obvoluto; caput obnubitum.

[2] Αὑτοῦ τῆς πορφύρας ὥς τι δεόμενος ἐλάβετο (APPIEN, *Guerres civiles,* II, 117).

[3] Καὶ τὸ εἷμα περισπάσας ἐπὶ τοῦ τραχήλου εἷλκε (*Ibid.*). Ab utroque humero togam apprehendit (SUÉTONE, *César.* 28).

[4] Toga caput obvolvit, simul sinistra manu sinum ad ima crura deduxit (SUÉTONE, *ibid*).

en partie. Les mains doivent l'écarter, l'arracher même
au besoin des épaules pour la replacer ensuite, et ne
pas craindre de détruire ce premier ajustement savant
et compassé, qui convient seulement à l'impassabilité
des statues[1]. Les bas-reliefs d'où nous avons tiré notre
Fig. 131 sont bons à consulter sous ce rapport, et l'on
y trouve des arrangements de la toge plus libres et plus
variés. Dans la dernière figure, par exemple, la toge,
serrée sur le devant de la taille, a été simplement ramas-
sée en paquet sous le bras gauche, d'où elle retombe
en une chute abondante de plis. C'est exactement le
parti que QUINTILIEN conseille à l'orateur, si, au lieu
de se draper de nouveau, il veut donner à son ajustement
quelque chose de dégagé et de hardi[2]. Il l'avertit toutefois de ne pas se ceindre avec ce pan de draperies qu'il
a ramassé sous son bras, ce qui donnerait à son attitude
un caractère de menace et de fureur presque belliqueuse[3].
Cette observation finale est importante à noter : elle
nous conduit à essayer un autre ajustement de la toge
souvent mentionné par les auteurs, mais assez peu étudié,
sans doute parce qu'il n'est pas représenté d'ordinaire
sur les monuments.

---

[1] Rejicere a sinistro togam, dejicere etiam, si haereat, sinum conveniet
(QINTIL. XI, 144).

[2] Ita cur laxiorem sinum sinistro brachio non subjiciamus? (*Ibid.*, 146).

[3] Laevam involvere toga et incingi paene furiosum est (*Ibid.*, 146).

E. — LA TOGE AJUSTÉE EN CEINTURE

Dans les anciennes luttes civiles entre les patriciens et la plèbe, dans ces batailles du Forum, où, par respect pour la légalité, la victoire se décidait ordinairement à coups de poing, ce qui avait fait donner à l'un des anciens chefs de la noblesse le surnom de *Caeso,* c'est-à-dire l'*Assommeur,* il est bien connu que les Romains savaient se faire de leur manteau une sorte d'armure défensive. Pour cela, ils enroulaient l'un des pans de la toge autour de leur bras gauche; puis, avec l'autre, ils se ceignaient les reins[1]. Le citoyen ainsi drapé n'est plus *praecinctus,* mais *incinctus.* Le jour où périt Tibérius Gracchus, c'est dans ce costume que les deux partis se préparent soudainement pour le combat. Les principes que nous avons posés nous permettent de reproduire cet ajustement caractéristique, même en l'absence de toute représentation figurée. L'extrémité de la toge, roulée jusque sur la main gauche en une sorte de brassard, tient lieu de bouclier pour parer les coups; le reste du vêtement, remonté sous les bras et fortement serré, enveloppe deux fois la poitrine, qu'il protège comme une cuirasse. L'excédent de l'étoffe est ramassé en partie dans la ceinture; il sert à sangler cette armure d'un nouveau genre, et forme sur le cœur un épais tampon de plis, qui n'a jamais mieux mérité le nom d'*umbo.* La toge ainsi ajustée répond parfaitement au caractère martial, dont parlent les écrivains de l'antiquité.

---

[1] Circumdata laevo brachio togae lacinia (VELLEIUS, II, 3). Τῇ χειρὶ τὴν τήβεννον περιελίξας (PLUTARQUE, *Tib. Gracchus,* 19). — Τὰς τηβέννους περιεζώννυντο (*Ibid.*).

Cet usage des Romains se rattache, du reste, au souvenir d'une époque primitive, où l'emploi des armures de métal n'étant pas encore très répandu, la toge était portée en campagne et, comme le *plaid* des Écossais, jouait le rôle d'un harnais de guerre. Une vieille formule nous apprend que les anciens soldats de Rome, rangés en bataille en face de l'ennemi, ceignaient la toge autour de leurs reins, avant de procéder à l'acte du testament militaire, appelé pour cela *testamentum in procinctu*[1]. Une ancienne statue du Forum représentait un jeune Romain de la famille des Métellus, avec sa prétexte ceinte de

Fig. 134. — La toge dans les batailles du Forum.

la sorte, pour rappeler que, dès l'âge de quinze ans, il

---

[1] Veteres Latini, cum necdum arma haberent, praecinctis togis bellabant, unde etiam milites in procinctu esse dicuntur (SERVIUS, *ad Aeneid.*, VII, 612). — Apud antiquos togis incincti pugnasse dicuntur (FESTUS).

s'était signalé par un exploit guerrier [1]. Sur plusieurs monnaies de la *gens Aemilia,* où est figuré un cavalier, le jeune Lepidus, on distingue assez bien cette disposition de la toge en manière de ceinture, et l'on voit qu'elle devait être assez solidement fixée au corps pour être portée à cheval [2].

L'usage d'un antique ajustement militaire de ce genre s'était même perpétué à Rome, dans certaines cérémonies traditionnelles, sous le nom de *cinctus gabinus,* soit qu'il fût emprunté à la ville étrusque de Gabies ou qu'il eût été employé la première fois dans une guerre contre les Gabiens [3]. Le nom seul suffit pour indiquer que c'était une manière de se ceindre avec la toge et par conséquent une variété de l'ajustement que nous étudions. Nous trouvons le *cinctus gabinus* employé ordinairement dans des actes d'un caractère à la fois religieux et guerrier, par exemple dans un sacrifice fait en face de l'ennemi [4], dans la cérémonie du testament militaire, dans une imprécation pour le salut de l'armée, ou lorsque le fondateur d'une colonie, en terre étrangère, trace avec la charrue sacrée l'enceinte de la ville nouvelle, ou bien encore lorsque le consul déclare l'état de guerre en ouvrant solennellement la porte du temple de Janus. Pendant le blocus du Capitole par les Gaulois, les assiégeants voient un jour avec surprise les portes de la forteresse s'ouvrir et un Romain descendre à pas lents le *clivus* de la Voie Sacrée. C'est Fabius Dorso qui se rend au temps prescrit sur le Mont Quirinal, pour y

---

[1] Statua bullata et incincta praetexta, senatus consulto posita (VAL. MAX).

[2] Voir la Fig. 142 placée à la fin du chapitre, p. 279.

[3] Procincta classis dicebatur, cum exercitus cinctus erat gabino cinctu (FESTUS).

[4] Tum cives cincti togis suis ad bella profecti sunt (SERVIUS, *ibid*).

faire un sacrifice; ceint de la toge à la gabienne, il porte, sur ses épaules et dans ses mains, les vases et les instruments du culte[1]. Les Barbares, saisis d'une admiration superstitieuse, le laissent passer et repasser au travers de leurs lignes, sans oser le toucher. On voit encore par cette curieuse histoire que la ceinture à la gabienne avait surtout pour résultat de rendre la démarche et le mouvement des bras parfaitement dégagés : c'était un costume d'action qui convenait à la fois au sacrifice et au combat.

Assez souvent, les personnages ceints de la toge à la gabienne nous sont représentés comme ayant aussi la tête voilée. Les deux actes paraissent associés, au moins pendant un moment, dans la fameuse scène où le consul Décius se voue aux dieux infernaux pour le salut des légions. Le pontife lui a commandé d'abord de prendre sa toge prétexte, de s'en voiler la tête, et, debout, les deux pieds sur un javelot, la main portée à son menton, par dessous son vêtement, de prononcer contre lui-même la formule d'imprécation. TITE-LIVE nous atteste que, dans cette première attitude, Décius a déjà sa toge ceinte à la gabienne, comme il la portera encore tout à l'heure, lorsqu'il s'élancera sur son cheval, avec ses armes, pour donner tête baissée au milieu des ennemis[2].

Si nous interrogeons le modèle vivant, nous reconnaîtrons en effet que tous les détails qui précèdent, peuvent très bien se concilier avec l'action de ceindre la toge.

---

[1] Gabino ritu cinctus, manibus humerisque sacra gerens (VAL. MAX. I, 1, 11).

[2] Pontifex eum togam praetextam sumere jussit et, velato capite, manu subter togam ad mentum exerta, super telum subjectum pedibus stantem... Comparez plus loin : incinctum gabino cultu, super telum stantem... (TITE-LIVE, VIII, 9).

J'ai pu recomposer ainsi, sans le secours d'aucun monument figuré, un ajustement d'un aspect saisissant, qui rend vivante pour les yeux la scène dramatique rapportée par les historiens. On pourra en juger par notre gravure hors texte (pl. VII). L'habile burin de M. Julien Deturck y reproduit la figure de Décius, d'après une des photographies du cours d'archéologie à l'École des Beaux-Arts. Il a même conservé, très heureusement, comme fond de tableau, une partie de la grande toile d'Ingres : *Romulus vainqueur d'Acron,* qui se trouve placée en effet derrière le modèle vivant, dans les séances de la salle de l'Hémicycle, et qui évoque ici fort à propos un souvenir de bataille antique.

Le même ajustement, vu de dos, reproduit exactement le costume de l'ombre d'Anchise, telle que la figure une miniature antique, dans le Virgile peint du Vatican (Fig. 135). Or ce personnage, à titre d'ancêtre du peuple romain, se confondait avec les dieux Lares ou Pénates, qui étaient parfois représentés avec la toge gabienne[1]. Nous avons donc là bien certainement une des variétés du *cinctus gabinus ;* mais cela ne veut pas dire que ce soit la forme unique et constante de cet ajustement et qu'il nécessite toujours la double action de se ceindre et de se voiler avec la toge[2]. Tout ce qu'il est permis de conclure, c'est que, dans le *cinctus gabinus,* comme dans l'ajustement ordinaire, la toge pouvait être ramenée sur la tête, quand le caractère religieux de la cérémonie le réclamait. Revenons à Décius ; après avoir accompli l'acte sacré de l'imprécation, il prend ses armes

---

[1] Succinctis Laribus : quia gabino habitu cinctuque dii Penates formabantur, obvoluti toga super humerum sinistrum, dextro nudo (PERSE, *interpr.*).

[2] Incincti ritu gabino, id est togae parte caput velati, parte succincti (CATON, *Origin.*).

LA TOGE CEINTE A LA GABIENNE

Décius se vouant aux Dieux Infernaux.

et saute à cheval pour se faire tuer en combattant ; on peut au moins douter que, dans un pareil mouve-ment, il ait encore la tête et le cou embarrassés du voile de la toge. C'est ce-pendant à ce moment sur-tout que TITE-LIVE lui donne le *cinctus gabinus*[1]. Je pense que le pan de l'étoffe ramené autour du corps, servait alors à com-pléter la ceinture de la toge et achevait de former un ajustement guerrier ana-logue à celui du jeune cavalier Lepidus et à l'an-cien costume de bataille des premiers Romains. L'arrangement de ces par-ties a pu varier selon les temps, avec les propor-tions et la coupe du man-teau romain ; il faut voir surtout le principe, qui était de construire, à l'aide de la toge, un vêtement qui serrait le corps, en se servant à lui-même de

Fig. 135.— L'OMBRE D'ANCHISE.
Peinture du manuscrit
de Virgile au Vatican.

ceinture, ce qui est exprimé par le mot *incinctus*.

Nous terminons par une figure empruntée à un bas-relief romain du Louvre (Fig. 136). Elle représente, à ce

---

[1] Ipse incinctus cinctu gabino, armatus in equum insiluit (TITE-LIVE, *ibid.*).

que l'on voit, le fonctionnaire d'ordre religieux et augural, qui, dans les assemblées publiques, était chargé du *vexillum*, de cette bannière que l'on abaissait à la première goutte de pluie, réelle ou supposée, pour clore les séances trop tumultueuses. Son ajustement s'accorde bien aussi avec notre restitution du *cinctus gabinus*.

Fig. 136.

F. — AJUSTEMENT DE LA TOGE TRIOMPHALE

Il est certain que la tradition de la toge gabienne, comme insigne des hautes magistratures et particulièrement du consulat, se perpétua jusqu'aux bas temps de l'Empire. Plus les Romains s'écartaient de l'esprit des vieux âges, plus ils s'efforçaient de faire refleurir les formes antiques. Jamais peut-être il n'est plus souvent question du *cinctus gabinus,* en relation avec la toge et même avec l'archaïque trabée, que dans les auteurs du IVe et du Ve siècle après l'ère chrétienne. Aussi ne doit-on pas hésiter à en reconnaître des variétés dans quelques ajustements très complexes que portent les figures de cette époque. Je prends surtout pour exemples deux belles plaques d'ivoire sculptées de la Bibliothèque nationale, appartenant à la classe des *diptyques* ou doubles tablettes consulaires; elles représentent des consuls dans le costume d'apparat qu'ils revêtaient pour présider aux grandes fêtes du Cirque[1].

Il ne faut pas que, dans ces figures, le caractère déjà presque byzantin des étoffes, surchargées de broderies et raidies par l'abus du fil d'or, nous trompe sur l'origine des costumes. Ce n'est que l'exagération de la riche décoration qui distingua de bonne heure l'ancien costume triomphal, adopté plus tard par les empereurs et concédé par eux, dans les grandes solennités, à certains hauts dignitaires de l'Empire. La toge brodée ou palmée[2] des triomphateurs était un manteau de pourpre et d'or, que JUVÉNAL compare satiriquement, pour son épaisseur et pour le poids de ses broderies, à de lourdes tentures, à de véritables rideaux[3]. Longtemps, à Rome, ces riches vêtements n'appartinrent pas en propre à ceux qui les portaient, et les premiers Césars les empruntaient encore, pour la circonstance, à la garde-robe sacrée de Jupiter au Capitole ou à celle du Palatin, absolument comme

---

[1] CHABOUILLET, *Catalogue général*, n°s 3262 et 3265. Le premier *(diptyque de saint Junien de Limoges)* représente FLAVIUS FÉLIX, consul en l'an 428 ap. J.-C. Le second et le plus compliqué *(diptyque de Hollande)* porte la figure de FLAVIUS MAGNUS, consul en l'an 518 ap. J.-C.

[2] Toga picta, toga palmata (brodée de palmes, de palmettes).

[3] Cum tunica Jovis, et pictae sarrana ferentem
Ex humeris aulaea togae... (JUVÉNAL, *Satires*, X, v. 39).

nos prêtres tirent du trésor de l'église les vêtements précieux qu'ils portent aux jours de fête [1].

Le premier de ces costumes (Fig. 137) diffère seulement de l'autre en ce que la partie supérieure de la toge est drapée obliquement de manière à n'envelopper que l'épaule gauche. Cet ajustement surtout reprend, sur la nature, une beauté et une largeur d'aspect, que l'on chercherait en vain dans la sculpture quasi byzantine qui nous a servi de point de départ. Nous acquérons ainsi le droit d'en faire remonter la tradition jusqu'aux beaux temps du costume romain.

Fig 137. — AJUSTEMENT DE LA TOGE TRIOMPHALE.

Plaque d'ivoire sculptée.

---

[1] Praetextam et pictam togam... quam de Jovis templo sumptam praetores et consules accipiebant (LAMPRIDE, *Alexandre Sévère*, 40). — Palmatam tunicam et togam pictam primus Romanorum privatus suam propriam habuit, cum antea imperatores eam de Capitolio acciperent vel Palatio (CAPITOLIN, *Gordien* II, 4).

En effet, le résultat
donné par le modèle
vivant (Fig. 138) m'a fait
reconnaître la même ma-
nière de ceindre la toge
dans un grand bas-relief
en marbre du Louvre, re-
présentant une cérémonie
nuptiale[1]. C'est assurément une des plus no-
bles manières de porter
ce vêtement, et aucune
peut-être ne donne un
éclat plus imposant à
sa décoration de bandes
de pourpre. Elle mérite
d'être recommandée aux
artistes, lorsqu'ils ont à
distinguer, dans un sujet
romain, un magistrat de
premier rang et même
un empereur ; ils devront
seulement remplacer,
dans les grandes cérémo-
nies, la prétexte par la
toge de pourpre à bande
et à broderies d'or.

Le second ajustement
(Fig. 139), par une dis-

Fig. 138. — Le même ajustement.
Pose sur nature.

position ingénieuse de l'étoffe, croisée en sautoir sur la
poitrine, arrive à couvrir également les deux épaules.
On construit ainsi, avec la toge seule, un vêtement com-

---

[1] De Clarac, *Musée de sculpture*, pl. 203, nᵒˢ 328, 492.

plet et si bien fermé dans toutes ses parties, qu'il peut dispenser de l'emploi de la tunique. Il suffit à celui qui le porte de serrer solidement autour de sa taille les bouts pendants de la draperie et, dans l'action la plus violente, il n'a plus à s'inquiéter de son costume. Ses membres, parfaitement libres, lui permettent également de courir, de combattre, de monter à cheval, comme l'ont déjà montré, pour la prétexte ajustée en ceinture, les exemples du consul Décius et du jeune M. Aemilius Lepidus[1]. Le tissu de laine, tendu en plusieurs doubles, forme sur la poi-

Fig, 139. — Autre ajustement
de la même toge.
Plaque d'ivoire sculptée.

---

[1] Voir la médaille dont la reproduction agrandie sert d'illustration finale à notre chapitre. Il est remarquable que, dans ces ajustements en ceinture, la toge, se trouvant ouverte par derrière, permet facilement de monter à cheval, ce qui serait impossible dans l'ajustement ordinaire.

Fig. 140. — LE MÊME AJUSTEMENT.
Pose sur nature.

trine, sur les reins, sur les épaules une véritable cuirasse, capable d'offrir une certaine résistance aux armes offensives. On comprend que, dans certaines cérémonies du culte, où les Vestales portaient ainsi la toge rejetée sur l'épaule, il fût dit qu'elles étaient *armées* de la toge [1].

Entre les deux costumes figurés sur les ivoires, il n'y a qu'une légère différence d'ajustement. Dans l'un et l'autre cas, on commence par ceindre la toge autour de la taille, suivant le principe du *cinctus galinus* ; puis, on la croise à deux reprises autour du corps, en repliant symétriquement les bordures de pourpre, selon la mode que nous avons signalée plus haut pour la prétexte[2].

On complète la décoration par un entre-croisement recherché des extrémités tombantes de la draperie, dont l'une reste suspendue, de manière à former jusqu'aux pieds une chute verticale, tandis que l'autre est rejetée horizontalement sur le bras gauche comme une ceinture flottante. Cette disposition en croix [3] contribue plus que toute autre à compliquer l'aspect de la toge ; mais elle n'a rien d'essentiel, et elle a pu même varier selon les temps. Ce n'est qu'une manière artificielle de réunir et de tenir à portée de la main les deux bouts

---

[1] Armata dicebatur virgo sacrificans, cui laciniga togae in humerum erat rejecta (FESTUS).

[2] Comparez les descriptions du *cinctus gabinus* lorsqu'il n'est pas associé au *caput velatum* : Gabinus cinctus est toga sic in tergum rejecta ut ima lacinia hominem cingat (SERVIUS, *ad Aeneid*. VII, 612).

Cinctus Gabinus est cum ita imponitur toga, ut togae lacinia, quae post secus rejicitur, attrahatur ad pectus, ita ut ex utroque picturae pendeant, ut sacerdotes Gentilium faciebant aut cingebantur praetores (ISIDORE, XIX, 24). Ici *picturae*, ce sont les broderies très riches, surtout sur la bordure qui remplaçait la bande de la prétexte.

[3] Rien n'empêche de penser aussi que plus tard, à l'époque chrétienne, l'idée d'imiter la croix ou le chrisme, c'est-à-dire les premières lettres du nom grec du Christ, fit accentuer cette disposition.

libres de la draperie, qui doivent servir au besoin à nouer
tout l'ajustement.

Je ne puis croire qu'une disposition aussi savante à
la fois et aussi pratique date seulement des bas temps
de l'Empire, et soit une invention de l'époque où la toge
n'était plus conservée que comme un costume d'apparat.
Il n'en est pas, au contraire, qui nous reporte mieux aux
temps primitifs où ce manteau était le seul vêtement
et toute l'armure des tribus latines. Aussi serais-je porté
plutôt à reconnaître ici une forme ancienne et même
archaïque du *cinctus gabinus*, dont le nom et l'usage,
conservés dans quelques cérémonies du culte, auraient
repris faveur au IVe siècle et seraient devenus un privilège officiel du consulat. Les monuments s'accorde-
raient ainsi avec les textes du temps, et nous fourniraient
un curieux exemple de ces retours séniles aux modes de
l'enfance, par lesquels les sociétés vieillies croient vainement se rajeunir. Notre méthode expérimentale d'étudier
le costume sur le modèle vivant a ce précieux avantage
de nous permettre de retrouver, même dans des représentations de décadence, la trace de certains ajustements
antiques, et de nous donner les moyens de les faire
revivre dans leur premier caractère.

Du reste, le luxe des étoffes n'est pas surtout la raison
qui empêche de reconnaître, au premier abord, dans les
ivoires sculptés de la décadence, la tradition du costume
romain. La complication des draperies, l'entre-croisement
de leurs bordures, forment un ensemble, qui ne manque
assurément ni de caractère ni d'effet décoratif, mais que
jusqu'ici l'on était porté à considérer comme un arrangement de fantaisie et sans aucune réalité, œuvre d'un
art qui avait perdu le secret de la draperie antique et
qui s'inquiétait seulement d'en produire l'apparence.

Tout au plus pensait-on que l'on pouvait produire de pareils ajustements en croisant sur les draperies des espèces de bandes détachées et en y cousant des parties rapportées après coup. C'est en effet ce qui eut lieu plus tard, à l'époque byzantine, lorsque l'introduction des vêtements fermés des Barbares, l'abus des tissus orientaux raidis par le fil d'or et par les pierreries, amenèrent à rétrécir de plus en plus les anciens manteaux drapés, que conservaient les traditions du cérémonial. On les réduisit à n'être plus que des bandes d'étoffe.précieuse et de pures décorations symboliques, comme il s'en est conservé encore quelques-unes dans nos costumes sacerdotaux : telle est par exemple la bande croisée du *pallium* archiépiscopal, qui rappelle encore le jet du manteau antique dont elle porte le nom.

Mais ce système ne peut s'appliquer en rien aux figures qui nous occupent ; leur costume appartient encore de tout point à la tradition des anciens, et je crois avoir démontré qu'il n'y a, dans son apparente complication, qu'une façon particulière de ceindre la toge romaine. La meilleure preuve que je puisse donner ici de la continuité de la tradition, c'est que j'ai pu employer dans cette nouvelle expérience la même draperie qui m'avait servi pour produire toutes les autres dispositions du manteau romain (Fig. 140). Il n'est besoin ni de bandes rapportées ni de draperies cousues ni d'étoffes rigides ; avec la simple toge à bande rouge, on arrive à retrouver la construction et l'effet général de ces ajustements en apparence inextricables ; on leur rend même un caractère de liberté et d'ampleur, qui n'est plus dans les ivoires qui nous servent de modèles.

G. — LES EXPRESSIONS DE LA TOGE

La succession des formes diverses que nous avons produites avec une seule et même draperie montre combien il est important de connaître tout d'abord le principe de l'ajustement de la toge. Quand on s'en est rendu maître, on peut s'en servir en toute liberté pour obtenir des effets qui ne sont figurés que d'une manière incomplète sur les monuments ou même simplement indiqués par les textes de l'histoire; on a entre les mains un élément vivant et expressif, et l'on peut en déduire toute la variété des motifs, que la toge donnait plus qu'aucun autre vêtement des anciens.

Résumons, pour terminer, ce que j'appellerai les expressions de la toge.

On ne peut nier d'abord que la toge, par son caractère général, par la noblesse et l'ampleur de sa forme, par la disposition systématique de ses ornements, ne représente parfaitement et ne traduise pour les yeux l'esprit aristocratique et hiérarchique de la vieille société romaine. Selon sa couleur et le mode de son ajustement, elle marque la condition des personnes : ramenée en voile sur la tête elle indique le prêtre; pliée symétriquement pour étaler ses bandes de pourpre, elle distingue le magistrat du simple citoyen; ceinte autour du corps, elle prend un aspect militaire. Les proportions de la toge et la façon dont elle est portée, trahissent encore les habitudes de vie, le caractère de chaque personnage. Étroite et serrée, elle convient à la raideur et à la gravité d'un Caton; ajustée avec un excès de soin et de régularité,

elle rappelle les périodes cadencées de l'orateur Hortensius. César, avec sa toge mal ceinte, qui laisse traîner la
pourpre de ses pans, affiche les mœurs dissolues sous
lesquelles il cache son ambition[1]. La toge de Virgile traîne
aussi, mais d'une autre manière ; jamais il n'a su la draper ; elle tombe inégalement[2] et trahit la candeur insou-
ciante du poète. Auguste, cet habile politique, qui avait
réglé avec tant d'art la mise en scène de sa vie, n'ap-
portait pas au costume une moindre attention : il voulait
que sa toge, de proportions moyennes, ne fût ni traînante
ni trop serrée[3] ; telle nous la montre une belle statue du
Louvre, dont la draperie large et simple est traitée avec
une liberté qui s'écarte de l'ajustement banal des statues
romaines. A côté de ces caractères permanents, l'aspect
mobile et changeant de la toge en fait un instrument des
plus sensibles pour reproduire au dehors les mouvements
mêmes de l'âme. Dans le calme et dans la possession de
soi-même, elle reste correctement posée sur l'épaule ; puis
elle tombe, elle s'anime et se passionne avec celui qui la
porte et peut par son désordre exprimer jusqu'au trouble
le plus violent, comme lorsque Auguste arrache la sienne
de ses épaules, pour adjurer le peuple de ne pas lui donner
le titre de dictateur qui a porté malheur à César.

Je dirai plus : la toge marque les époques de la vie
de Rome, et nous pouvons faire avec elle un résumé de
l'histoire romaine. Le manteau étroit et court des premiers siècles de la République convient à des hommes
qui étaient encore seulement les citoyens d'une grande

---

[1] Ita toga praecingebatur ut, trahendo laciniam, velut mollis incederet
(MACROB. *Saturnales*, II, 3).

[2] Tout le monde connaît, dans Horace, le charmant portrait de Virgile :
Rusticius tonso toga defluit, et male laxus In pede calceus haeret...
(HORACE, *Satires* II, 3, v. 31).

[3] Togis neque restrictis neque fusis (SUÉTONE, *Auguste*, 73).

ville. Mais, à mesure que les Romains deviennent plus
puissants et que leur empire s'étend davantage, la toge,
par une coïncidence naturelle, s'agrandit, s'étale, s'arron-
dit en quelque sorte avec les conquêtes de Rome. Le
Sénat est devenu cette assemblée de rois, dont parle
l'envoyé de Pyrrhus; et le peuple tout entier, pris en

Fig. 141. — BAS-RELIEF DE LA COLONNE TRAJANE.

masse, n'est-il pas maintenant le peuple-roi? C'est surtout après la réaction aristocratique, dirigée par Sylla,
que la puissance personnelle des principaux citoyens
prend des proportions inouïes; chaque noble a son palais
de marbre, ses villas princières, son train fastueux, ses
légions d'esclaves, sa cour de clients, qui viennent chaque
matin le saluer à son lever et jusqu'à ses provinces tribu-
taires, qui alimentent son trésor de leurs dons, quand
elles ne l'enrichissent pas de leurs dépouilles. Or, à ces
rois, il fallait un costume digne de leur rôle. La toge
cesse alors d'être un vêtement pratique et commode,
destiné simplement à couvrir le corps; elle s'embarrasse

de replis tombants, de parties traînantes ; elle prend
les proportions grandioses, mais un peu théâtrales, que
nous remarquons sur les statues, et se transforme en
un véritable manteau royal. Cependant, par la simplicité
de la matière dont elle est faite et par la sévérité de ses
ornements, elle ne cesse pas de convenir à des rois qui
sont en même temps les citoyens d'une république.

Les dimensions gênantes de la grande toge paraissent
avoir commencé à la faire abandonner dès le IIe siècle
de l'Empire, au moins dans la vie commune. Les Romains
de cette époque en avaient tellement perdu l'habitude
que, lorsqu'ils voyaient les statues de Cicéron drapées
jusqu'aux pieds, ils prétendaient que le grand orateur
ne s'enveloppait ainsi que pour cacher les plaies de ses
varices. QUINTILIEN recommande alors que la toge ne
descende pas plus bas que la moitié de la jambe[1] : c'est
en effet la proportion que nous retrouvons sur la colonne
Trajane, si l'on excepte toutefois les figures de l'empereur.
On pourra en juger sur les scènes populaires que nous
avons empruntées à ce monument (Fig. 141). Cette dimension, qui fut probablement adoptée de tout temps
par les citoyens de condition médiocre, dut naturellement
se généraliser à Rome, lorsque les anciens maîtres du
monde ne furent plus que les sujets d'un maître commun.
Déjà même le temps approche, où le manteau national
aura besoin de la protection administrative et de la
rigueur des édits pour se maintenir contre l'influence
du costume militaire et contre l'invasion des vêtements
barbares. Réduite alors à n'être plus qu'un costume
officiel, une sorte d'uniforme et de livrée de magistrat,
la toge perd de plus en plus le beau caractère de la dra-

---

[1] Pars ejus prior mediis cruribus optime terminatur (QUINTILIEN,
Inst. orat., XI, 139).

perie antique : elle se raidit et se fige dans des étoffes
métalliques, aux plis tout formés, et sa décadence an-
nonce, avec le complet anéantissement de l'esprit romain,
l'avènement prochain de l'immobilité byzantine.

Fig. 142.
Monnaie de la Gens Æmilia.

INDEX I

MOTS SE RAPPORTANT AU COSTUME

A

ACADÉMIE (platonicienne) : 88.
ADORATION (geste d') : 192.
AGNAPTOS (ἄγναπτος) (tissus) : 46.
AGNITHÉS (ἀγνῦθες) : 96.
AGRAFES : 16. Cf. Fibules.
AILES THESSALIENNES : 117.
AJUSTEMENT. Chlamyde (de la) :
120 et sv. — Exomide (de l') : 42
et sv. — Manteau drapé (du) :
94. — Péplos (du) : 161. — Toge
(de la) : 240 et sv. — Toge
triomphale (de la) : 266, 272, 279.
— Tunique des Femmes (de la) :
200, 204. — Tunique des Hom-
mes (de la) : 62 et sv.
AKHITONES : (ἀχίτωνες) : 155.
ALLÈLOKHEIROS (ἀλληλοχείρος)
(chlamyde) : 130.
ALLIX : (ἄλλιξ) 130.
AMBASSADEURS ROMAINS : 255.
AMICTUS : 57.
AMPHIMASKHALOS (χίτων ἀμφιμάσ-
χαλος) : 62.
ANABOLÈ (ἀναβολή) : 51.
ANGUSTICLAVE : 257 n.
APOBATE : 54.
APOPTYGMA (ἀπόπτυγμα) : 157 n.
APPARAT (vêtement d'). Grèce : 76 et
sv. — Rome : 234, 249, 267, 269.
APPRÊT DES ÉTOFFES : 15.
ARCHAÏQUES (conventions) : 11, 12,
18, 214.
ARCHAÏQUE (costume) : 15.
ARISTÉRA (manière de se draper ép')
(ἐπ' ἀριστερᾷ) : 99.
ARRÉPHORES : 216.
ASYMÉTRIE (principe d') : 25, 38.
ATTACHES : 20. Cf. Allèlokheiros,

Bouton, Brides, Nœud et Tab.
des Mat. — latérale du péplos :
166. Cf. Fibules.
AUGURES (costume des) : 234, 255.
AURIGE : 78.

B

BANDES DE COULEURS : 33, 64, 95,
112, 126, 162. Cf. Couleur.
BANDES RAPPORTÉES : 34, 274.
BATON : 87.
BATRAKHIDE (βατραχίς) : 110.
BAUDRIER DE LA TOGE : 242. Cf.
Toga praecinctura.
BIJOUX : 11, 16. Cf. Fibules.
BLANC : 33, 64, 110, 112, 126, 132,
216, 221, 234, 249.
BLEU : 221.
BOUCLIER : 50, 55.
BOUTON : 54, 72.
BRIDES (Exomide, khétonet, tu-
nique, attachées par des) : 52, 55,
68, 72. — (Emmanchures resser-
rées par des) : 206.
BRODERIES : 34, 234, 267, 269, 272 n.
BYSSUS : 52, 112. — (Jaune de
Syrie) : 112. — (Verdâtre d'Eli-
de) : 112.

C

CALATHOPHORE : 188.
CALYPTRA (καλύπτρα) : 170, 190, 194.
CAMPESTRE : 4.
CANÉPHORE : 188, 195.
CAPITE VELATO : 255 n. — OBVO-
LUTO, OBNUBITO : 258 n.
CASQUE : 50, 64, 119.
CAUSIA MACÉDONIENNE : 134, 140.
CAVALIERS (vêtement des). Grèce :
115 et sv. — Rome : 262, 265, 270.

INDEX II

NOMS HISTORIQUES ET MYTHOLOGIQUES

INDEX III

NOMS ETHNIQUES ET GÉOGRAPHIQUES

INDEX IV

MONUMENTS ET ŒUVRES D'ART

INDEX V

TABLE DES AUTEURS ANCIENS CITÉS

J

Josèphe (Flavius) : Antiq. Jud. III. 7 : 52.
Juvénal : Sat. X. 39 : 267.

L

Lampride : Alex. Sévère. 40 : 268.

M

Macrobe : Saturn. I. 15 : 246. — II. 3 : 242, 244, 276. — II. 9 : 245.

P

Pausanias : I. 24-7 : 177. — X. 29-7 : 164.
Perses : Sat. V. 33 : 252. — interpr. ; 264.
Philostrate : V. d'Apol. de Thyane, II. 19 ; 112. — III. 15 : 39.
Pindare : Isth. VI. 110 : 174.
Platon : Lettres, XIII : 203.
Photius : au mot σκαφηφόρος : 89.
Plaute : Miles glor. v. 1172 : 57.
Pline : Hist. Nat : V. 11 : 139. — IX. 60-65 : 109. — XXXV. 35-169. — XXXVI. 23 : 231.
Plutarque : Alcibiade, 39 : 135. — Alexandre, 26 : 138. — Cléomènes, 37, 2 : 62. — Demosthène, 21 : 30. Parallèle Lycurgue et Numa, 5 : 153. — Instituta laconica, 5 : 90. — Tib. Gracchus, 19 : 260.
Pollux : Onom. VII. 13 : 155, 156. — 34 : 116. — 48 : 110, 120. — 49 : 168, 180. — 50 : 156, 180. — 54 : 18, 155, 202.

Q

Quintilien : Inst. orat. XI. 137 :

236. — 138 : 236. — 139 : 231, 278. — 140 : 242, 254. — 144 : 254, 259. — 146 : 259.

S

Septante (les) : Exod. XXVIII. 4 : 52.
Servius : Ad Æneid. I. 182 : 230. — VII. 612 : 261, 262, 272.
Sophocle : Oed. C. v. 313-14 : 118. — dans Plutarq. Paral. Lyc. et Numa. 3 : 153.
Strabon : pp. 793 : 138.
Suétone : Caes. 45 : 242 — 28 : 258. — Auguste, 73 : 276 .

T

Tacite : Germ. 34 : 246.
Tertullien : de Pallio, 32 : 240. — de Pallio. V : 242, 245, 252.
Thucydide : 1. 6 : 144.
Tite-Live : III. 26 : 244. — VIII. 9 : 263, 265.

V

Valerius Maxime : I. 1, 11 : 262, 263.
Varron : Vita pop. rom. ap. Nonius, 14. p. 540 : 230.
Velleius : II. 3 : 260.
Virgile : Æn. VI. 301 : 57. — VI. 5 : 246.
Virgile du Vatican : 264.

X

Xénophon : Cyr. VI. 4-1 : 202. — VIII. 3, 13 : 136. — Mém. I. 6 : 92.

INDEX VI

TABLE DES AUTEURS ET NOMS MODERNES

A

ANNALI DEL ISTITUTO, 1868 : 131.
ATH. MITTH., 1887 : 18.

B

BABELON & BLANCHET, Catal. des bronzes : 189, 235.
BESNARD (Alb.) : 169.
BLOUET, Expédit. de Morée : 214.
BULLETIN DE CORRESP. HELLÉN., 1880 : 50. — 1888 : 18. — 1902 : 50.

C

CATALOGHI CAMPANA, 98.
CAYLUS, Rec. d'Antiq. : 235.
CLARAC, Musée de sculpt (atlas) : 47, 57, 179, 220, 252, 269.
CLARETIE (J) : 228 n.
COLLIGNON, Parthénon (le) : 55, 72, 78, 84, 150, 178, 190. — Sculpt. grecq. : 84, 178, 187, 190, 194, 200. — Stèles funéraires : 99, 119, 170.
CONZE, Die attisch. Grabrel. : 200.
CORPUS INSCRIPT. GRAEC : 157.

D

DEMOTTE, Le Musée du Louvre depuis 1914 : 218.
DETURCK (Julien) : 56, 194, 264.
DIEULAFOY, L'Acropole de Suse : 109.
DUMONT & CHAPLAIN, Céramiq. de la Grèce propre : 175, 209.

E

EPHÉMERIS ARCHÉOLOGIQUE, 1908 : 131.

F

FOUGÈRES, Bull. corr. hellén., 1888. XII : 18, 118.
FURTWAENGLER, Collect. Sabouroff : 175. — Griech. Vasenmal : 162, 205, 207, 210.

G

GARRUCCI, Tavole fotograf. delle pitture... : 234, 247.
GAZETTE ARCHÉOLOGIQUE, V (1879) : 204.
GERHARD, Auserl. Vasenbild : 68, 76, 85, 98, 135, 150. — Apulische Vasenbild. : 256.

H

HAUVETTE, Bull. de Corresp. hell. (1881) : 178.
HEUZEY (Jean) : 221.
HEUZEY (Léon), Figurines antiq. du Mus. du Louvre : 221, 222, 224.
HEUZEY & DAUMET : 40.
HOMOLLE (Th.) : 216. — Mon. et mém. fond. Piot. IV : 78.
HOPPIN, Handbook of attic red-figured Vases : 113.

I

INGRES : 264.

J

JACQUET (Ach.) : 221.
JAMOT (P.) : 14.

TABLE DES PLANCHES HORS TEXTE

(Note de l'Éditeur). — *Les Index et les Tables de ce volume ont été rédigés par M. Jacques Heuzey. Il s'en est acquitté avec tout le soin qu'il devait à une chère mémoire et nous sommes heureux de l'en remercier ici.*

TABLE DES MATIÈRES

SADAG DE FRANCE
IMP.
BELLEGARDE (AIN)